▼ 幼儿园区域活动材料丛书

广东省教育教学成果（基础教育类）一等奖
"幼儿个别化学习的'支架式'课程体系的研究与建设"成果之一

幼儿园科学区
材料设计与评价

王微丽　霍力岩　主编

中国轻工业出版社

图书在版编目（CIP）数据

幼儿园科学区材料设计与评价/王微丽，霍力岩主编. —北京：中国轻工业出版社，2018.11（2025.12重印）
（幼儿园区域活动材料丛书）
ISBN 978-7-5184-1950-0

Ⅰ.①幼… Ⅱ.①王… ②霍… Ⅲ.①科学知识－学前教育－教学参考资料 Ⅳ.①G613.3

中国版本图书馆CIP数据核字（2018）第089829号

保留所有权利。未经中国轻工业出版社书面授权，任何人不得以任何方式（包括但不限于电子、机械、手工或其他尚未被发明或应用的技术手段）复印、拍照、扫描、录音、朗读、存储、发表本书中任何部分或本书全部内容，以及其他附带的所有资料（包括但不限于光盘、音频、视频等）。中国轻工业出版社未授权任何机构提供源自本书内容的电子文件阅览、收听或下载服务。如有此类非法行为，查实必究。

责任编辑：吴　红　　　责任终审：杜文勇
策划编辑：吴　红　　　责任校对：吴维斌　　　责任监印：刘志颖

出版发行：中国轻工业出版社（北京鲁谷东街5号，邮编：100040）
印　　刷：三河市双升印务有限公司
经　　销：各地新华书店
版　　次：2025年12月第1版第7次印刷
开　　本：710×1000　1/16　印张：16
字　　数：100千字
印　　数：18001—20000
书　　号：ISBN 978-7-5184-1950-0　定价：60.00元

读者热线：010-65181109
发行电话：010-85119832　　010-85119912
网　　址：http://www.chlip.com.cn　　http://www.wqedu.com
电子信箱：1012305542@qq.com
如发现图书残缺请拨打读者热线联系调换
252093Y1C107ZBW

本 书 编 者

主　编：王微丽　霍力岩
副主编：何红漫　刘　隼　范　莉
编　者：何红漫　刘　隼　邓丽霞　游咏梅
　　　　高　虹　胡　敏　郑宇妍　黄飞舟

丛书序一

《幼儿园区域活动——环境创设与活动设计方法》一书出版以来，引起了幼教同行的积极反响。从全国各地来到深圳市莲花二村幼儿园参访的老师和一些读过这本书的老师常常会跟我说："如果能系统地把你们区域活动的这些材料整理出来就好了！"实际上，多年来我们坚持不批量生产区域材料，就是希望每一份材料都有其独特性，无形中要求每位教师去发现孩子、理解孩子，让每份亲手制作的材料都蕴含教师对儿童的专业解读与引导，更好地支架儿童的适宜性发展。

近几年，我们力求用图文并茂的方式，直观地将孩子们很喜欢摆弄且富有教育内涵的"一份一份的材料"，这些凝聚了老师们的教育智慧与辛勤劳动的儿童个别化学习材料，完整地记录并展示出来。这对于分享我们的课程研究成长、助力一线教师的专业发展，是一件很有意义的事情。

如今，展现在您面前的这套《幼儿园区域活动材料丛书》，汇总了我们幼儿园经过十多年探索、实践和打磨的经典区域活动材料。对于每一份材料的组成部分、设计原理、使用方法和教育价值，我们都如数家珍，一一奉上。我们希望这套丛书，除了作为范例，还能引发教师对这种"支架儿童的个别化、主动学习"的区域材料的研发与拓展兴趣，从中更加明白如何提供给儿童最适宜的学习操作材料。欣喜之余，仿诗一首，聊表感恩——

新千年的钟声，敲响了课程起航的号角；
恰好那年，四名亲爱的老师，在炎热的盛夏，赴京学习蒙氏奥妙。

精巧深邃的智慧,点化消融成一份份的材料,
启迪我们,发现孩子童年秘密的通道——
要用智慧与爱,拨亮生命自信的光芒;
要让吸收性的心灵,拥抱爱与自由,绽放微笑。

追随着蒙氏的脚步,接触到世界的前沿;
扎根在深圳的土壤,我们敢为人先。
从蒙台梭利,到多元智能;
从《纲要》《指南》,到文化传承。
个别化学习,环境化教育;
丰富性、吸引性、层次性、引导性;
——这都是我们的理念。
打开这套凝聚理论智慧、实践经验的丛书,
一抹慧智,一捧童心,皆在玉壶。
但愿给你,有益的借鉴。

来自偶然,像一粒微小的尘土,
情归何处,用感恩浇灌漫漫长路。
感谢深圳市投资控股有限公司幼教管理中心的领导,为我们鸣锣开路、挡风遮雨;
感谢北京师范大学的霍力岩教授和您的学术团队,有您的指引,我们不至于迷失;
感谢香港大学的李辉教授,陕西师范大学的赵琳、刘华教授,时常前来指点迷津;
感谢我们莲花二村幼儿园所有的教职工,有你们的付出和智慧,才有今日的芬芳;
感谢一起走过的莲子宝贝和家长们,你们的喜爱和成长,是我们源源不

断的动力。

  感恩的心,感谢有你;

  花开花落,永远珍惜。

深圳市莲花二村幼儿园园长
王微丽
2017 年 9 月

丛书序二

在我国，自20世纪80年代的幼儿园课程改革以来，区域活动成为幼儿园课程的主要组成部分。学前教育工作者从理论、模式、策略、材料等多个方面，对如何有效地开展区域活动，从而支持儿童的主动学习和全面发展进行了广泛与深入的探索。这些探索实际上受到了我国改革开放、社会变革、文化引入与融合等复杂而深刻的影响，其中最引人瞩目的，不外对世界范围内先进课程模式的模仿与借鉴。幼儿园区域活动作为一种"舶来品"，从文化历史学的分析来看，正是欧美文化对中国学前教育课程实践的形塑。最初涌入的这些区域活动类型主要包括蒙台梭利教学法中的个别化区域学习及操作，高宽课程中的室内学习区，以及方案教学中的个别或小组操作、实验等。在引入及学习这些课程模式的背后，进步主义、人本主义、认知建构主义、社会建构主义等欧美主导的心理学和教育学理论开始涌入我国教育界，尊重儿童的权利、强调儿童主体性的发挥，成为许多幼教界人士的共识。由观念转变深化到实践变革，幼儿园区域活动逐渐成为促进儿童主动学习和个别化学习，弥补传统集体教学活动不足的重要课程形式。

然而，从我国改革开放至今，学前教育界对区域活动的开展一直存在不同见解。在教学实践中，对于区域活动的环境布置、材料投放、开展过程以及支持策略，"仁者见仁，智者见智"。比如说，区域活动所提供的材料常常被划分为高结构、低结构、无结构（自由）等不同类型，而区域活动的开展过程也会有独立开展、两人合作、多人参与等不同形式。由于国家层面缺乏对幼儿园课程的明确指引，加上园本课程的"百花齐放"，渐渐地，区域活动的开展开始各自为政，没有标杆，区域活动的开展质量也存在良莠不齐的现象。如何有效地开展幼儿园区域活动，包括区域材料的设计与制作、区域环境的布置、对幼儿学习的支持、区域活动的评价，等等，成为一直萦绕在幼儿园一线教师（尤其是新手教师）心头的疑团。

实际上，幼儿园区域活动的开展，关键要素有四个：环境、材料、儿童和教师。实现良好的区域环境布置和材料投放，是区域活动中儿童主动学习及教师有效引导的前提。以苏联心理学家维果茨基为主要提出者的社会文化历史理论提出，环境与材料是实现教学主体（教师）与客体（儿童）之间有效关联的中介，是促进儿童实现有效学习的工具与内容。可以说，区域活动材料是开展幼儿园区域活动的突破口。但是，据我们观察，目前我国的很多幼儿园教师并不了解有效区域学习材料的制作与投放，更不清楚如何在区域活动中支持和评价幼儿的学习。幼儿园区域活动开展时的要素关联很难得到有效的建立，幼儿的主动学习和有效学习也得不到保障，关键经验得不到提升。

2000 年，深圳市莲花二村幼儿园开始借鉴蒙台梭利教育法，既遵照蒙氏材料的丰富性、吸引性、层次性、引导性等关键原则，又根据中国儿童的发展特点和需要，立足于深圳市乃至中国的社会文化土壤，开发出了体系化的、丰富的、适合中国幼儿的区域活动材料。在长达 17 年的反复实践中，该幼儿园的教师团队不断学习新的课程理论与方法（包括高宽课程、多元智能理论等），对其园本区域活动进行了持续的优化。2014 年，由该幼儿园的教师编写的《幼儿园区域活动——环境创设与活动设计方法》正式出版，对幼儿园区域活动的开展经验进行了全面的总结，从区域环境的创设、区域材料的投放、区域活动的组织、区域活动的评价等多个方面为幼儿园一线教师提供了一本理论扎实、操作性强的参考书。

在这本书的基础上，该幼儿园的教师团队为了进一步分享区域活动开展的经验，以幼儿园区域材料的设计与评价为侧重点编写了《幼儿园区域活动材料丛书》，对应《幼儿园教育指导纲要（试行）》（以下简称《纲要》）和《3—6 岁儿童学习与发展指南》（以下简称《指南》）的要求，从数学区、语

言区、科学区、社会区、艺术区、生活区等领域,完整地呈现了他们对幼儿园区域材料的研究与实践成果。该丛书既详细地阐述了关于区域活动的理论与方法,又通过大量真实的区域活动案例生动地介绍了不同区域的材料设计与评价,这对于广大幼儿园教师开展区域活动具有非常高的借鉴价值和很重要的指导作用。通过阅读这套丛书,我们能够更清楚地了解到,幼儿园教师应该如何设计、制作和投放区域材料,应该如何基于区域活动支持和引导幼儿的个别化学习、主动学习与探索,应该如何观察和评价区域活动中的幼儿。

北京师范大学教育学部学前教育研究所教授

霍力岩

2017 年 10 月

目录

丛书序一 ·· i

丛书序二 ·· v

第一章 解读科学区 / 1

第一节 科学区概述 ·· 3
一、科学区基本概念 ·· 3
二、科学区教育功能 ·· 4
三、关键经验及思维导图 ·· 8

第二节 科学区环境 ·· 10
一、科学区环境的特点 ·· 11
二、科学区物品的摆放 ·· 15
三、科学区的标识 ·· 19

第三节 科学区材料 ·· 22
一、科学区材料特点 ·· 22
二、科学区材料投放 ·· 31
三、科学区材料预览 ·· 37

第二章　科学区材料案例 / 39

第一节　小班科学区 41
一、小班科学区设计思路 41
二、小班科学区活动导航 41
三、小班科学区材料案例 42

第二节　中班科学区 78
一、中班科学区设计思路 79
二、中班科学区活动导航 79
三、中班科学区材料案例 80

第三节　大班科学区 128
一、大班科学区设计思路 128
二、大班科学区活动导航 129
三、大班科学区材料案例 130

第三章　教师对幼儿的支持 / 191

第一节　单次活动中教师的支持 193
一、小班案例分析 193
二、中班案例分析 196
三、大班案例分析 199

第二节　科学区学习故事 202
一、教师记录方法 202
二、教师记录案例 205

第四章　科学区活动评价 / 213

第一节　科学区材料评价方式·················215
　　一、科学区材料的评价内容·················215
　　二、中班科学区材料评价表举例·················223

第二节　科学区幼儿活动评析方法·················227
　　一、科学区幼儿活动评析内容·················227
　　二、基于小、中、大班幼儿评价内容的分析·················234

参考文献·················237

后记·················239

第一章
解读科学区

自20世纪80年代区域活动被引入中国后，国内各个幼儿园的课程中都或多或少有所体现。但在引入此教学法时，每个幼儿园所依据的理论基础会有所不同，有的幼儿园是以蒙台梭利理论为基盘加以借鉴，有的幼儿园是以多元智能理论为基盘加以借鉴，还有的幼儿园是以高宽课程为基盘加以借鉴。因各园借鉴的理论不同、园本课程建构目标不同以及课程开展的地域和人员等因素的不同，区域活动在课程中的定位及开展都会有所差别。对此，我们在《幼儿园区域活动——环境创设与活动设计方法》（2014年中国轻工业出版社出版）一书中进行了详细的阐述。

深圳市莲花二村幼儿园借鉴、吸收、发展国内外各种先进的教育理念及相关经验，经过长远十几年的探索、研究与总结，将幼儿园室内区域体系划分为三大类型，即预备区域、基本区域和延伸区域，同时每个区域类型又包含着与之相符的子区域。有的是以培养幼儿的适应能力为主要目标而设置的，称为预备区域，它的子区域包括生活区、感官区等；有的是以保证幼儿的基本发展需求为目标设置的，称为基本区域，它的子区域包括语言区、社会区、科学区、艺术区等；还有的是以满足幼儿的个性化发展需求为目标而设置的，称为延伸区域，它的子区域包括拓展区和特别研究区等。这三大区域在幼儿园的区域活动中各自有独立的体系及突显的功能，但它们之间又相互补充、相互平衡，全面促进幼儿的发展。各个区域中包含的子区域也有其独立的目标、内容、方法、评价等体系，确保幼儿在每个领域的成长，同时各子区域之间又相互关联、互为依托，既提升每个幼儿的优势智力，也促进班级幼儿的全面发展。

第一节 科学区概述

在设置幼儿园科学区域时，应根据《纲要》与《指南》中科学领域对幼儿发展的要求与期望，按幼儿园的实际情况制定出园本课程中科学领域总目标，然后，教师围绕幼儿园制定的科学领域总目标，在理解目标的基础上，设计、制作各类可实现目标的科学区操作材料。之后，将材料投放到科学区环境中，创设出丰富而有准备的科学区环境，让幼儿在可直接感知、具体操作的环境中观察、探索、研究材料，以此发现问题，获得一定的科学经验，在与科学区材料互动的过程中让他们产生对科学的兴趣，提高其动手操作能力，使之掌握一定的科学方法，最终激发他们对科学领域的好奇心，促使他们去探究自然界的各种事物与现象，并运用获得的知识与能力去解决生活中的各种问题，形成终身受益的学习态度和能力。

一、科学区基本概念

《指南》明确提出："幼儿科学学习的核心是激发探究兴趣，体验探究过程，发展初步的探究能力。成人要善于发现和保护幼儿的好奇心，充分利用自然和实际生活机会，引导幼儿通过观察、比较、操作、实验等方法，学习发现问题、分析问题和解决问题。"它还强调："幼儿的思维特点是以具体形象思维为主，应注重引导幼儿通过直接感知、亲身体验和实际操作进行科学学习。"

根据《指南》提出的要求，在科学区，教师会选择贴近幼儿生活和幼儿特别感兴趣的探究内容，创设出安全的操作环境，并给予幼儿支持性的心理氛围，鼓励幼儿利用有准备的环境与环境中丰富的材料，探究自己，探究外界，了解物体和材料的物理特性、相互关系和有关的科学现象。根据知识体系和操作材料的不同，科学区学习内容包括：引导幼儿了解生理现象及有关自己身体的知识、卫生保健知识；帮助幼儿了解自然现象的形成，观察日月形象的变化；引导幼儿学习动植物的分类，动物的生活习性等知识。科学区还为幼儿提供各类适宜的工具，支持幼儿利用工具进行科学观察、测量和分类等科学探究活动，以及培养幼儿动手能力的（有关神奇的变化、物理溶解、虹吸现象、灯泡发亮等）各类小实验。科学区丰富的内容与材料，能够让幼儿按自己的兴趣、需要、方式去了解科学常识，让他们观察自然生命现象、参与科学探索活动来获取直接经验，拓展他们的兴趣与爱好，培养他们对科学的热爱。

二、科学区教育功能

在幼儿园设置的科学区域，就科学学科而言，它是从三方面来促进幼儿的发展，这三方面分别是科学知识、科学方法和对科学的情感与态度。对幼儿来说，科学知识指他们获得周围物质世界的经验性知识；科学方法指幼儿探索周围的物质世界，得到广泛的科学经验、认识世界的方法；科学的情感和态度指幼儿对周围物质世界的好奇心，对科学的兴趣及对自然的关心。

科学区环境，尤其是科学区环境中的材料，是最能激发幼儿对周围物质世界的好奇心、引导他们主动去探索已知与未知世界的载体，教师越早对幼儿进行科学领域各方面能力的启蒙，并及时满足他们的内部需要，越有利于其科学素养的培养，也能越早地为他们开启未来发明、创造的大门。科学区对幼儿发展具有非凡的重要性，那么科学区的具体功能有哪些呢？

（一）促进幼儿发展

科学区的教育功能，首先是帮助幼儿获取广泛的科学知识，建立探索周围物质世界的方法，形成对周围物质世界的兴趣，并将在科学区获得的知识与能力用于解决生活中的问题，以提高他们运用知识解决实际问题的能力。

（1）从科学素质着手，将基本的科学素养作为早期培养的起点，通过幼儿探索、研究材料，丰富他们的科学知识，使之掌握科学的探索方法，增进他们对科学的情感，端正其科学态度。

（2）通过研究科学区材料，让幼儿理解生物、人和环境的关系，知道生态平衡的重要性，培养其关心、保护环境的情感、态度和行为。

（3）丰富幼儿的现代科技知识，使之了解科技与自己生活的关系及对人类的影响，明白科技更新中合作的重要性，培养他们的责任感和与同伴相互合作的良好个性品质。

（二）落实《指南》和《纲要》的精神

幼儿园设置科学区，需要制定出适于幼儿园课程的目标及执行要求。在完成这些工作的过程中，幼儿园一定要以《指南》和《纲要》中提出的科学区域目标及要求为准则，结合幼儿园的实际发展需要及幼儿的真实发展水平，考虑本园科学区设置的具体情况，制定出科学区活动实施方案。深圳市莲花二村幼儿园为全面落实《指南》和《纲要》有关精神，实现科学区建构和实施的中国化与本土化，根据本园科学区的活动要求而制定了有关科学教育方面的目标（参见表1-1）。

表 1-1 《纲要》《指南》和我园在科学教育方面的目标对照表

《纲要》中的目标	《指南》中的目标	我园的目标
（一）目标 1. 对周围的事物、现象感兴趣，有好奇心和求知欲。 2. 能运用各种感官，动手动脑，探究问题。 3. 能用适当的方式表达、交流探索的过程和结果。 4. 能从生活和游戏中感受事物的数量关系并体验到科学的重要和有趣。 5. 爱护动植物，关心周围环境，亲近大自然，珍惜自然资源，有初步的环保意识。 （二）内容与要求 1. 引导幼儿对身边常见事物和现象的特点、变化规律产生兴趣和探究的欲望。 2. 为幼儿的探究活动创造宽松的环境，让每个幼儿都有机会参与尝试，支持、鼓励他们大胆提出问题，发表不同意见，学会尊重别人	目标1　亲近自然，喜欢探究 3—4岁 1. 喜欢接触大自然，对周围的很多事物和现象感兴趣。 2. 经常问各种问题，或好奇地摆弄物品。 4—5岁 1. 喜欢接触新事物，经常问一些与新事物有关的问题。 2. 常常动手动脑探索物体和材料，并乐在其中。 5—6岁 1. 对自己感兴趣的问题总是刨根问底。 2. 能经常动手动脑寻找问题的答案。 3. 探索中有所发现时感到兴奋和满足。 目标2　具有初步的探索能力 3—4岁 1. 对感兴趣的事物能仔细观察，发现其明显特征。 2. 能用多种感官或动作去探索物体，关注动作所产生的结果。 4—5岁 1. 能对事物或现象进行观察比较，发现其相同与不同。 2. 能根据观察结果提出问题，并大胆猜测答案。 3. 能通过简单的调查收集信息。 4. 能用图画或其他符号进行记录。 5—6岁 1. 能通过观察、比较与分析，发	一、区域总目标 1. 对周围的事物、现象感兴趣，有好奇心和求知欲。 2. 能用适当的方式表达、交流探索的过程和结果。 二、各年龄段目标 3—4岁 1. 观察周围自然现象的明显特征，并获取粗浅的科学经验。 2. 观察日常生活中各种物品的特征及其用途。 3. 学习运用各种感官感知的方法，发展感知能力。学会根据一个或两个特征从一组物体中挑选出物体，归入一类，并能用自己的方式表达探索的结果。 4—5岁 1. 了解四季的特征及其与人们生活的关系，观察简单的理化现象，获取感性经验。 2. 了解周围生活中的某些科技产品及其与人们的关系。 3. 综合运用多种感官感知事物特征，发展观察力；学会按照指定的标准对物体进行简单分类，能用各种手段表达、交流

续表

《纲要》中的目标	《指南》中的目标	我园的目标
的观点和经验。 3. 提供丰富的可操作的材料，为每个幼儿都能运用多种感官、多种方式进行探索提供活动的条件。 4. 通过引导幼儿积极参加小组讨论、探索等方式，培养幼儿合作学习的意识和能力，学习用多种方式表现、交流、分享探索的过程和结果。 5. 引导幼儿对周围环境中的数、量、形、时间和空间等现象产生兴趣，建构初步的数概念，并学习用简单的数学方法解决生活和游戏中某些简单的问题。 6. 从生活或媒体中幼儿熟悉的科技成果入手，引导幼儿感受科学技术对生活的影响，培养他们对科学的兴趣和对科学家的崇敬。	现并描述不同种类物体的特征或某个事物前后的变化。 2. 能用一定的方法验证自己的猜测。 3. 在成人的帮助下能制订简单的调查计划并执行。 4. 能用数字、图画、图表或其他符号记录。 5. 探索中能与他人合作与交流。 **目标3 在探究中认识周围事物和现象** 3—4岁 1. 认识常见的动植物，能注意并发现周围的动植物是多种多样的。 2. 能感知和发现物体和材料的软硬、光滑和粗糙等特性。 3. 能感知和体验天气对自己生活和活动的影响。 4. 初步了解和体会动植物和人们生活的关系。 4—5岁 1. 能感知和发现动植物的生长变化及其基本条件。 2. 能感知和发现常见材料的溶解、传热等性质或用途。 3. 能感知和发现简单物理现象，如物体形态或位置变化等。 4. 能感知和发现不同季节的特点，体验季节对动植物和人的影响。 5. 初步感知常用科技产品与自己	科学探索活动的过程和发现。 5—6岁 1. 获得有关季节与人类、动植物、环境等关系的感性经验，形成春、夏、秋、冬四季的初步概念，探索周围生活中常见的理化现象，获取有关的科学经验。 2. 了解现代社会生活中的科技产品及其对人类的影响，激发对科学的兴趣和对科学家的崇敬。 3. 主动运用多种感官观察事物，学习观察的方法，发展观察力。 4. 能按照自己规定的不同标准对事物进行分类；能用多种手段表达、交流科学探索活动中的发现、获得的经验和问题，以及探索的过程和方法。

续表

《纲要》中的目标	《指南》中的目标	我园的目标
7.在幼儿生活经验的基础上，帮助幼儿了解自然、环境与人类生活的关系。从身边的小事入手，培养初步的环保意识和行为。 （三）指导要点 1.幼儿的科学教育是科学启蒙教育，重在激发幼儿的认识兴趣和探究欲望。 2.要尽量创造条件让幼儿实际参加探究活动，使他们感受科学探究的过程和方法，体验发现的乐趣。 3.科学教育应密切联系幼儿的实际生活进行，利用身边的事物与现象作为科学探索的对象。	生活的关系，知道科技产品有利也有弊。 5—6岁 1.能察觉到动植物的外形特征、习性与生存环境的适应关系。 2.能发现常见物体的结构与功能之间的关系。 3.能探索并发现常见的物理现象产生的条件或影响因素，如影子、沉浮等。 4.感知并了解季节变化的周期性，知道变化的顺序。 5.初步了解人们的生活与自然环境的密切关系，知道尊重和珍惜生命，保护环境。	

三、关键经验及思维导图

《纲要》强调，"幼儿的科学教育是科学启蒙教育，重在激发幼儿的认识兴趣和探究欲望""科学教育应密切联系幼儿的实际生活进行，利用身边的事物与现象作为科学探索的对象"。因此，在介绍科学区的关键经验时，我们根据《纲要》中提出的要求，归纳、总结了幼儿在科学区可以获得的关键经验，从而更好地创设适合幼儿发展的科学区环境，以关键经验为中心点放射性地设计、开发能促进幼儿科学素养的材料，为他们在科学区的探索活动及学习做好准备并打好基础。

（一）关键经验

- 能区别常见的自然现象，知道它们与人类、动植物之间的关系。
- 能够区别各种物体的基本属性，并知道它们在生活中的作用与功能。
- 了解自己与周围物质世界的相互关系，掌握探索周围环境的方法，形成良好的环保行为。
- 知道人体的奥秘，掌握基本的保护方法。
- 了解物体的理化变化，初步发现物质间不同的关系。

（二）思维导图

在大、中、小班的科学区域活动中，我们主要让幼儿与教师事先设计并制作的有教育目的与内容的材料互动，通过推理、总结、提升，获得各类科学知识，提高幼儿的动手能力及解决问题的能力。在设置科学区的总目标与内容时，教师会遵循《纲要》和《指南》中有关科学领域的目标及要求，系统地创设与其内容相匹配的材料，使每个幼儿通过探究，在自身原有基础上丰富相关科学知识，提高科学素养。

幼儿园科学区材料，最主要的目的是激发幼儿对科学的兴趣，其次是习得科学知识，最后是提高他们的动手能力及解决问题的能力。因此，在科学区思维导图中，教师会围绕这几点从动物、植物、人体、实验等四个角度，再解析并细分出动物植物、人体科学、生态环境等多方面内容，以此制作和提供相应的材料。通过材料所设计的兴趣点与引导性，激发幼儿探究的欲望，鼓励幼儿运用操作、观察、比较、推理、判断、实验等不同的活动方式研究材料，形成终身受益的学习态度，建立良好的逻辑思维能力，为其他领域的深入学习打好基础。科学区材料的具体思维导图如下（见图1-1）：

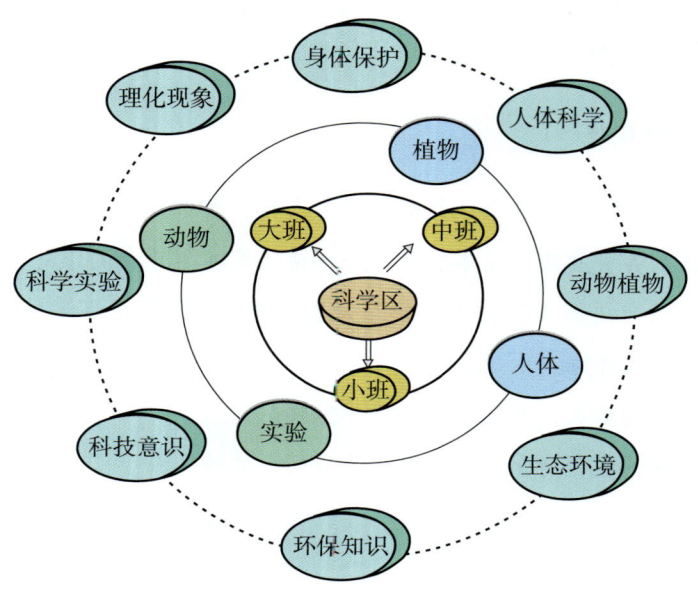

图1-1 科学区思维导图

第二节　科学区环境

《纲要》指出，"环境是重要的教育资源，应通过环境的创设和利用，有效地促进幼儿的发展"。科学区环境作为幼儿探究科学现象不可替代的教育资源，在教育中发挥着非常重要的作用。《幼儿园区域活动——环境创设与活动设计方法》一书提道：科学区属于幼儿园整体区域范畴中基本区域的一个领域，学科本身所蕴含的自然科学特点，相比较其他领域更具有探究性与挑战性，基于以上特点，教师应该注重幼儿的自主探究和创新意识的形成，为幼儿创设适宜的科学探究环境，帮助幼儿对周围的事物与现象形成积极的探究体验。

一、科学区环境的特点

科学区环境是保证幼儿园科学区活动顺利开展的前提，良好的科学区环境既能够促使幼儿主动选择进区并与之互动，还能激发幼儿积极进行科学探究的欲望。在科学区环境准备与创设的过程中，教师需要综合考虑科学区教育目标、班级幼儿的年龄特征、整体发展需要以及个体差异等多方面情况，合理地利用班级空间，从科学区环境的特点、环境中的物品摆放、环境中的标识与作用等角度进行思考，优化区域的环境功能，努力使环境的教育作用最优化。

（一）开放的区域环境有利于科学探究

学前年龄段的幼儿对蕴含在自然界当中的各种事物和现象有着极强的好奇心和探究欲望，他们希望通过自己的探究和发现，认识和了解周围的客观世界，寻找到他们感兴趣的问题。为了帮助幼儿用观察、比较、分析、推论等方法进行科学探索活动，使他们能够自主、自信地进行探究，教师需要为幼儿创设一个开放性的区域环境，开放的区域环境包括物质层面的环境和精神层面的环境。

在物质环境层面，教师需要提供一个丰富、开阔的操作环境，为幼儿设计、提供能够支持他们自主探究和自由发现的丰富的操作性材料。这些操作性材料是源于幼儿的生活或者其特别感兴趣的周边事物，有一定的科学含义，能使幼儿在动手、动脑的探究活动中进一步形成积极的科学态度，获得丰富的科学知识，积累多方面的科学经验，提升科学探究能力。

在精神环境层面，师生之间需要营造一种创新、平等、尊重、信任的探究氛围，教师应该适当地转换角色，真正成为幼儿科学探究过程中的引领者、支持者和帮助者。幼儿在师生同构与互动的过程中，在宽松、自由、愉悦的环境中，主动观察、亲身实验、动手操作，与同伴共同探索与交流，从而达到探究自己、探索外界，了解物体和材料的物理特性、相互关系以及有趣的科学现象的目标。

开放式科学区域环境的创设，能够激发幼儿的兴趣，满足其知识需要，达到促进主动学习、经验自然吸收、知识有效补充的良好效果。

（二）多元的区域空间能激发探究灵感

科学区探究的内容比较宽泛，以幼儿周围世界的自然科学现象、动植物特征、人体的奥秘等为幼儿学习的对象，包括对大自然的认识、对各种自然现象的了解、对日月形象变化的观察、动植物的生长环境和生活习性的分类、人体的特征以及各种科学实验、测量与分类等活动，而这些活动内容，经常会涉及水源、电源、黑暗与光照等相关的环境条件。另外，幼儿在个别探究的过程中，也需要一个安静的独立空间来进行探究性学习。考虑到以上特点，科学区的环境创设需要满足以下多元化的设计要求。

首先，提供独立的学习空间，满足思维的灵活性与探究过程的完整性的要求。幼儿在科学区的活动中，因探究过程时间较长，需要一个安静、独立的空间进行独立思考和材料的操作。为了保证幼儿能够自主操作、发挥想象、激发创造的潜能，避免受到其他区域的干扰，科学区应该尽量与语言区等安静的区域为邻，空间的大小应该因地制宜，根据班级活动室的整体面积、光线朝向、班级幼儿进区人数等因素来确定，同时要兼顾操作活动中相关科学实验的水源、电源、光线的需要。这样既能够保证实验的条件，也能够让幼儿在操作中有自主的空间。

其次，充分利用墙面柜面，保证实验操作快捷、便利。在实验操作时，为了帮助幼儿快速了解操作流程，及时分享在实验探究过程中获得的相关信息，班级教师通常会利用班级活动室的墙壁或者活动柜的柜面，通过悬挂或粘贴部分操作材料、张贴实际操作步骤和方法的示意图，来达到让幼儿快捷、便利地开展实验的目的。例如：在活动室的空墙面设计一些弯管实验，让幼儿观察玻璃球在弯道中的滚动轨迹，比较不同轨迹的滚动速度；在活动柜的背面设计一个"天气我知道"的展板，通过记录当天的气温、穿衣指数、空气质量，为大家提供相关的天气方面的常识，并通过一个坐标曲线图

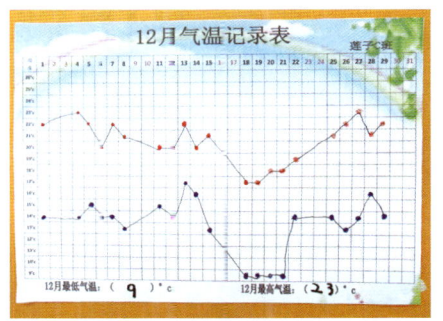

图1-2　气温曲线图

（见图1-2）记录一个月来的气温变化情况。这些环境创设能帮助幼儿通过记录、观察、比较来了解自然界中的科学现象，从而获得感性、直接的科学知识和经验。

再次，合理摆放区域活动柜，凸显幼儿的年龄特征。在科学区环境创设中，教师应该充分考虑幼儿的年龄特征。小班幼儿年龄小，注意力容易分散，在为小班幼儿选择活动柜时，最好选择一些高低错落的柜子，利用这些柜子较好地进行围合，保证幼儿在一个较为安静的环境中进行探究而不被周边活动区的氛围干扰。中、大班的幼儿在自控力、专注力、意志力等方面有了明显的提高，他们喜欢与同伴、老师共同探究，因此，在为中、大班幼儿选择活动柜时，最好选择大小一致的柜子，将柜子开放式地摆放，这样既能够使操作材料摆放有序、层次分明，选择起来一目了然，也能够为幼儿提供足够的场地，让他们进行合作学习和探究性学习。因此，合理摆放区域活动柜是幼儿有效学习的必要条件。

最后，室内外环境整体规划，生命与自然和谐统一。在科学区的教育目标中，从自然生态和环境教育出发，强调自然界中动植物的多样性，动植物与其生存环境以及与人类的相互关系，同时也强调幼儿关心、爱护动植物的态度、行为和方法。因此，在科学区环境创设中，教师除了为幼儿提供进行操作性研究的室内科学区外，在活动室外面，经常会设立动物角、种植园地（见图1-3）等生态区域，让幼儿通过养花、种菜、

图 1-3　种植园地

照顾小动物、观察记录动植物的生长过程等活动，了解有生命物质的多样性以及生命自然和谐的重要性。不得不承认，丰富有趣、多元化的区域活动空间能够带给幼儿多种感官的刺激，引发幼儿探究科学的灵感，提高他们的观察力、想象力和创造力。

（三）丰富的区域材料为科学探究提供保障

科学领域具有学科性强、知识之间的逻辑缜密、探究中的操作性强等特点。《指南》提出：幼儿的科学学习是在探究具体事物和解决实际问题中，尝试发现事物间的异同和联系的过程；幼儿科学学习的核心是激发探究兴趣，体验探究过程，发展初步的探究能力；幼儿的思维特点是以具体形象思维为主，应注重引导幼儿通过直接感知、亲身体验和实际操作进行科学学习。基于以上特点，科学区所投放的操作材料应充分考虑幼儿的情感、能力、知识、技能等各方面的需求，教师应该根据班级幼儿的年龄特点、能力高低、发展水平，制定出能够满足班级幼儿探究需要的科学区教育目标，并根据目标梳理出清晰可循的科学区材料投放线索，最后将物化了的可操作性材料摆放到活动柜中，供幼儿自由探索。这样呈现出来的材料，既有明确的目标指向，又能够激发幼儿探究的兴趣。以小班科学区第一橱第一层材料（见图1-4）的目标为例，在小班幼儿刚开始接触科学方面的知识时，教师通常会以引导幼儿了解周围自然现象的明显特征为首要目标，因此教师最初投放的材料依次为

图 1-4　小班科学区材料橱

动植物和无生命物质、认识植物、水果蔬菜分类、动植物分类等方面的材料。这样由浅入深地摆放材料，尊重了幼儿的思维特点，可引导幼儿循序渐进地学习。再以小班科学区第一橱的材料为例（见图1-4），第一层以认识植物为主，第二层以区分动物为主，第三层以认识人体结构为主，第四层以生活中的科学小实验为主。综观每一层的操作材料，可发现它们具有以下特点：目标设计层层递进，探究方向各不相同，操作过程由简到繁。这些材料很好地体现了区域材料必须具备的可操作性、引导性、丰富性及层次性，让幼儿在观察、比较、操作、实验的过程中，逐步发展逻辑思维能力，同时也为幼儿的科学探究提供了保障。

二、科学区物品的摆放

幼儿园的科学区是幼儿主动探索、自由发展的空间。科学区物品的摆放应该以幼儿发展的特征与需求为依据，符合幼儿园科学教育的要求。美国早期教育专家柯蒂斯和卡特指出：材料的收集、准备及摆放都反映了教师的教育价值观，形成对幼儿学习内容与能力以及教师角色的看法。他们针对如何"有意义地摆放材料，引起儿童的关注和兴趣"，提出了以下几项原则[①]：材料摆放得整齐、美观；提供与材料相关的背景信息；使用合适的容器存放材料；不同特质的相似材料集中摆放；关注不同材料的大小容量以及水平；了解材料的使用方法；重新组合材料，激起儿童的兴趣；利用材料强调某个学习区域等。借鉴上述原则，教师要合理地摆放科学区物品，在保证幼儿操作安全的前提下，充分调动他们参与科学探究的积极性，激发他们的好奇心和探究欲望。教师应该尽可能挖掘科学区各个角落的教育功能，合理设计，充分利用科学区活动柜的柜面、墙面、吊饰等区域，努力做到物品摆放安全有序、

[①] 柯蒂斯，卡特. 和儿童一起学习——促进反思性教学的课程框架[M]. 周欣，等译. 北京：教育科学出版社，2011：77-78.

条理清晰、功能凸显、取放自如,既让幼儿有充分活动、自主探索的空间,又尽量避免幼儿之间、实验器皿之间相互碰撞,为幼儿的操作、探索及科学小实验提供环境保障。因此,科学区物品的摆放应该遵循以下要求。

(一) 活动柜柜面物品的摆放

教师为幼儿提供的科学区物品大致可以分为四类:①幼儿频繁使用的操作性材料,这种材料一般会陈列在托盘中;②用于进行科学实验的器皿;③用于陈列和观察的各类科学工具、人体结构和动物模型;④用于记录操作结果的各类文具。对于这些物品,教师会根据不同的特征进行分类,将其有序摆放,其中,摆放在活动柜柜面的物品有以下两种。

第一种是用于观察性学习的物品。有些动植物标本、眼球模型、人体结构模型,只需要幼儿进行观察性学习,模型和标本的大小超过了活动柜的高度,无法放进柜子里面。教师通常充分利用科学区活动柜的柜面,把这些物品摆放到柜面上,这样一目了然,随时可引发幼儿的探究性学习。如:在图1-5中,科学区的柜面上有序陈列了"中国蝴蝶标本""植物种子标本""海洋贝壳类标本"以及"凹凸镜""三棱镜""平面镜""放大镜"等材料,并且在这些材料下方设计了提醒幼儿具体摆放位置的标记以及材料的标识,有助于培养幼儿良好的将材料正确归位的习惯。同时,摆放在桌面上的科学区能够直接带给幼儿视觉上的刺激,激发幼儿主动探索的欲望。

图1-5 科学区柜面材料

第二种是各类辅助文具。在科学区活动中,有很多活动材料的操作需要幼儿记录实验结果,教师会针对每份材料设计出不同的记录单,每一种记录单都会以剪贴、绘画、连线、描红等方法呈现,形式各异。因此,在科学区柜面上,教师通常会为幼儿提供一些公用的文具,供需要记录的幼儿选择。

考虑到不同年龄段幼儿的小肌肉动作发展特点，这些文具的投放也有所差别。如：小班幼儿的记录单以盖印章、剪贴、连线为主，教师在柜面上会摆放一些粗头的彩色笔、固体胶、儿童剪刀等简单的文具。随着操作材料的难度逐步加深，相对小班来说，中班幼儿的记录单复杂了很多，需要涂涂画画的地方也多了许多，因此，教师在小班文具的基础上投放了各种颜色的彩色铅笔，并用笔筒分颜色装好，同时还配上了橡皮、卷笔刀、小夹子和垫板等辅助材料。值得一提的是，中班幼儿刚刚接触前书写，握笔姿势以及良好的书写习惯还没有养成，为了培养幼儿正确的握笔姿势，教师通常会选择粗的三角铅笔供幼儿使用，这有助于幼儿良好用笔习惯的养成。随着科学区材料知识性和操作性的深入，大班幼儿的记录单更为复杂，教师在投放辅助文具的过程中，会充分考虑到每一种文具的操作使用频率、具体所需数量、幼小衔接用途以及文具损耗速度等，为幼儿投放的文具更加接近小学的要求，如彩色铅笔的大小与小学的要求一致，教师还会增加用于测量的尺子、液体胶水、订书机、回形针、学生剪刀等系列小学文具。各类辅助材料的投放，在幼儿学习习惯和任务意识的养成中起到了很好的助力作用。

（二）科学实验器材的摆放原则

在科学区的材料中，有很多涉及幼儿动手操作的科学小实验活动。在科学区的探索内容中，有简单的机械实验、物体沉浮实验、高温低温实验、温度计使用、磁铁实验、天平使用、显微镜使用、激光实验以及声学、光学、力学和电学实验等，而相关的实验材料，有的需要防碎，有的需要平放，有的器材之间需要相互避免干扰。针对这些特征，教师在摆放科学实验器材的过程中，应该遵循科学规范、安全合理、美观方便的原则，让幼儿在科学区能够轻松愉悦地开展探究活动。

1. 器材摆放科学规范

面对如此多的科学实验器材，如何更好地做到摆放科学规范、美观方便呢？在摆放器材的过程中，教师一般会从器材本身的科学特性和器材的外形特点来考虑。

在科学特性方面：天平、显微镜等是不能倒放或侧放的，摆放的时候需要平放；试管、温度计等容易破碎的实验器材，摆放的时候最好在托盘里垫上绒布；投放的磁铁需要避免周围的材料受磁场的干扰；装有用于做实验的液体的瓶子的瓶口要封紧，防止挥发；还有一些胶带、皮筋、弹簧等材料，使用后应该及时解除张力，避免失去张力和弹性。

在器材外形方面：尽量将所有器材摆放到活动柜中，这样有利于器材的保存和长时间反复使用，若遇到体积太大的器材，应该规划出适宜的摆放位置，固定摆放在活动柜的上面或者专门的架子上，并做出相应的标记，保证器材的安全。

2. 器材使用安全合理

图1-6　单份材料合理摆放

在科学区的器材中，有部分器材在安全方面的要求较高。如量杯、试管、酒精灯、温度计等器皿大多是玻璃材质，容易破损，摆放这些材料时，教师一般会用一个专门的放置架将其竖插，同时摆放在一个相对较高的布艺篮子中，这样既便于幼儿取放，又保证了器材的安全。在电池取电的实验中，将电线、小灯泡、干电池放在一个托盘里，不要摆放其他物品（见图1-6），教师要提醒幼儿，电池里含有毒物质，对人体的健康会有危害，不能往嘴里放。温度计、体温计、放大镜、凹凸镜等器材，教师也都要合理摆放。教师要培养幼儿安全方面的常规，让幼儿在保证安全的前提下使用各种器材，进行自主实验，最大程度地激发他们的学习兴趣和探索精神。

（三）科学区活动柜及操作台的摆放原则

幼儿在科学区的学习是通过动手操作、实验探索等活动，将科学现象、科学知识的核心概念转化为自身经验的过程。科学区相比于其他区域，本质的区别在于，科学区的操作活动既有"安静的个别化学习"，又有与同伴共同探究的"热闹的小组式学习"。为了避免幼儿之间相互干扰，教师一般选择低矮的活动架和正常高度的活动柜两种，低矮的活动架可以随意变化和组合，通常会摆放一些开放性的实验操作材料，当幼儿需要时，可以将活动架推到一定的范围内，如在做光的实验时，将活动架推到光线适宜的地方，做沉浮实验时，将活动架推到接近水源的地方。这种活动柜的投放，更适于幼儿开展小组式探究活动。正常高度的活动柜一般是固定的，柜中摆放的都是适合幼儿个别化学习的科学区材料，如动植物、人体等方面的操作材料，将这些材料分类、有序、清晰地陈列在活动柜里，幼儿在选择时一目了然，有助于消除选择性困难，有利于科学区活动的顺利开展。

三、科学区的标识

《幼儿园区域活动——环境创设与活动设计方法》一书曾经提到，在区域活动中，教师通常会设计出各种不同的标识，用标识对区域环境进行布局，帮助幼儿建立区域活动的常规。基于此，在科学区的活动柜中，同样会出现各种标识，这些标识对于不同年龄段的幼儿以不同的方式呈现，区域活动规则巧妙地蕴含在标识当中。当幼儿进入科学区，可以得到相应的暗示，明白需要遵守的规则。可以说，科学区标识充分发挥了应有的教育作用，能够培养幼儿的任务意识和自律能力，幼儿通过标识可自如地选择材料、整齐地收放材料。

（一）各年龄段科学区标识的特点

教师通常会根据幼儿的年龄特点和学习能力，设计适于不同年龄段幼儿的各种标识，达到能够快速辨别、易懂好记的目的。例如，小班幼儿的思维方式以直观性和具体形象性为主，他们对自己感兴趣的、能带来视觉冲击的事情比较容易记住。教师在设计小班科学区标识时，通常会选用一些来自生活中的简单易记的图案作为标识，这些标识符合幼儿的思维特点。中班时期是幼儿思维发展的迅猛期,幼儿的创造意识和探究能力已经初步形成,他们对周围的新鲜事物表现出一种动一动、摸一摸、试一试的强烈愿望,基于以上特点,教师在设计中班的科学区标识时,通常会设计一些能够促进幼儿运用多种感官进行记忆、对应的标识内容,以此激发他们的好奇心和探究愿望;大班幼儿随着年龄的增长,知识经验不断丰富,任务意识、探究意识有了明显的增强,对科学常识、科学文化以及科学家的故事有了比较全面的了解,能够将简单的文字与图片进行匹配,因此,大班科学区的标识通常会涵盖分类、比较、推理等逻辑性较强的图片与文字,幼儿通过辨别标识获得各方面能力的提升。

(二)小、中、大班的科学区标识

1. 小班科学区标识

在设计小班科学区标识时,教师应充分利用自然和实际生活的机会,注重引导小班幼儿通过感知、体验并不断探索,从而获得对标识的认知与记忆。小班科学区会选择一些水果、蔬菜、动植物的图片作为标识,投放到每一个盛材料的托盘中以及对应的活动柜位置。比如,涉及水果的操作材料,选用一种水果图片作为标识;涉及动物的操作材料,选用小动物作为标识(见图1-7)。教师在设计标识的过程中,巧妙地将材料内容与标识进行归类投放,这样有利于幼儿进行形象记忆,便于幼儿辨认材料及将材料归位。

图1-7 小班科学区标识

2. 中班科学区标识

中班幼儿在接触自然、生活事物及自然现象中积累了一定的知识经验,能够感知和发现动植物的生长规律、一年四季的不同、风雨雷电的气候变化、人体结构和身体变化以及一些相关的物理现象,他们的探究精神与学习方式进入了一个迅速发展的时期。针对中班幼儿的这些特点,教师设计的活动柜标识通常会以台风等级、风雨雷电（见图1-8）、白天黑夜、一年四季为题材来呈现，这些带有明显科学特征的标识，不仅可以让幼儿快速记住每一份材料在活动柜中的具体位置，还能培养幼儿良好的区域活动常规。更为显著的效果是，幼儿在反复查看、接触、记忆、想象中获得了更多的科学常识，很好地达到了知识迁移、经验积累的效果。

图1-8 中班科学区标识

3. 大班科学区标识

随着年龄的增长以及各方面经验的日益丰富，大班幼儿能够做到在科学探究中思考问题的本质，对任何事物都能够进行简单的推理和分析，发现事物之间的相互关系，在活动中对自己感兴趣的问题总是刨根问底，例如，当操作电灯的实验材料时，经常会提出"电灯是怎么来的、电灯是由谁发明的"之类的问题。因此，教师在设计科学区标识时经常基于幼儿的问题来选择标识内容，通过不同的途径来解答幼儿的疑惑。大班科学区的标识以国内外有名的科学家（如达尔文、爱迪生、牛顿、焦耳、袁隆平等）的头像为主（见图1-9），幼儿通过辨认科学家的头像，熟悉科学家的名字，达到了将材料准确归位摆放的良好效果。更为重要的是，幼儿能够借此了解到

图1-9 大班科学区标识

每一位科学家在不同领域所做的贡献，在开阔眼界的同时，激发了对科学的积极向上的热情。

第三节　科学区材料

科学区能够激发幼儿的好奇心和探究欲望。但这种激励作用取决于教师对科学区环境的创设，尤其是科学区材料的提供。这是因为，在科学区活动中，科学区的材料直接作用于幼儿，是教师与幼儿之间的桥梁。要使科学区的材料有效地促进幼儿的发展，教师首先应根据幼儿园区域总目标，制定出适合班级幼儿的班级科学区域目标，其次是在目标的指引下进行材料设计与制作，最后是依据班级幼儿的发展水平，适时、适宜地进行科学区材料的投放。材料的投放非常重要，但更为重要的是，教师在科学区活动中应及时观察幼儿与材料的互动，在活动后根据观察情况，反思科学区材料对幼儿发展的促进作用，如果发现有不适宜的材料，要及时调整，以便充分发挥材料的最大效用，满足幼儿的需要。

一、科学区材料特点

2016年11月，北京师范大学教育学部博士生导师冯晓霞教授在中国学前教育研究会学术年会上做了"区域游戏中的深度学习"专题讲座。区域活动中的"深度学习"开始逐步进入人们的视野。在科学区域活动中，我们不仅要重视幼儿的浅层学习，更要引导幼儿由浅入深地进行深度学习。因此，在班级科学区，教师要创设适合幼儿安全操作的环境和支持其主动活动的心理氛围，还要提供能引导他们主动操作的各类科学材料。这些材料包括幼儿能了解物质的物理特性、相互关系和科学现象的活动材料，能认识自己的身体、认识大自然的活动材料；也包括幼儿了解自然现象的形成，观察日月形象的变化，学习动植物的分类，观察动物的生活习性的活动材料；还包括支持他们开展各种科学小实验的活动材料。通过这些可供幼儿直接动手探索的材料，有助于实现幼儿在科学区活动中的深度学习。科学区的材料具有什么样的特点才能更好地激发幼儿的探索与操作兴趣呢？

（一）材料操作的安全性

安全是幼儿教育最重要的一点，也是材料设计与制作中教师首先要关注的因素。幼儿期的幼儿处于人生的初始阶段，身体组织比较娇嫩，相对成年人来说更容易受到伤害，同时，由于幼儿还处于身体发育期，许多器官的功能发展并不成熟，尤其是手的精细动作能力还有待进一步加强，因此在操作中容易出现一些不可预料的失误。这些失误很容易造成幼儿身体上的伤害。而在科学区的材料中，有一部分材料是提供给幼儿做实验的材料，这些材料虽然不能和科学家在实验室完成科学实验的材料相提并论，但有的材料如果操作不当或分量配比不适宜，也会对幼儿造成一些小的损伤，例如，科学区材料"火山喷发了"（见图1-10），是通过小苏打、泡打粉和醋综合发生化学作用，产生类似火山喷发时的景象，以此让幼儿感受这一地理现象。在操作这一材料的过程中，如果泡打粉、小苏打和醋的分量过多，喷出的白雾就有可能会过高而喷到幼儿的脸上，造成不必要的伤害。因此，在提供这份材料时，教师需要在所有物品上做好分量标记（见图1-11）。幼儿在操作时，根据提示的数量把材料依次放入火山模型中，就会出现正常的火山喷发的景象，这样既能观察到材料结果呈现的预期现象，又可以避免幼儿因操作材料不当而造成的伤害。基于科学区材料的特殊性，教师在

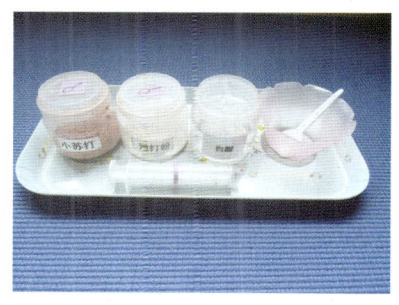

图 1-10　材料"火山喷发了"

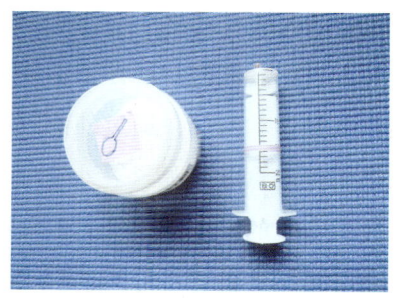

图 1-11　材料"分量标记"

设计与制作材料时，首先要全面、细致地将每一份材料进行斟酌比对，在材料制作完成后，还要按照幼儿操作的步骤，以幼儿的心态及水平一步一步地认真试做一遍，通过亲身操作来测试每一个步骤的安全性，一旦发现有不安全的地方或因素，要及时地加以修正，让每一份材料在幼儿操作前真正做到无安全隐患，在幼儿操作过程中保证"万无一失"。

（二）材料外形的吸引性

基于科学自身的学科特点，以及幼儿园科学区所包含内容的严谨与规范性，在设计与制作科学区材料时，材料的外形不可能像语言区材料那样具有更多的诗意，也不可能像生活区材料那样具有更多的童话色彩，更不可能像艺术区材料那样具有更多的创造性。但幼儿期的思维特点说明，在活动中，吸引幼儿主动选择材料的首要因素是具有显性特点的材料外形，所以，材料外形的吸引性对于促进幼儿在区域活动中主动学习具有非常重要的作用。科学区的实验器材一般都是固定的形状，且外形朴实无华，缺乏童趣，颜色上也不够丰富多彩，在外形吸引性上，科学区材料有不足之处。教师应如何改变材料的外形与颜色，让材料既有吸引性，又不会使幼儿在操作材料时出现某些障碍与影响呢？这就需要教师做有心人，仔细研究材料，合理而适当地改变材料。如：在"认识天平秤"这一材料中，天平秤是金属制品，金属制品摸起来冰凉，容易让幼儿产生抗拒，幼儿的力气小，教师提供给幼儿的天平秤相对来说比较小，容易搬运，但这样的天平秤没有特色，外形上很难吸引幼儿的注意，且难以激发他们的探索兴趣，对学习兴趣不强烈的幼儿来说尤为如此。为了增强幼儿的探索兴趣，弥补天平秤外形吸引力弱的不足，教师在"认识天平秤"的每一种材料上动脑筋，通过外部改造或美化外表来增强吸引性。首先，教师从装小砝码的盒子开始，在小盒子的外面进行装饰，使盒子的外表鲜艳、漂亮，吸引幼儿的注意；其次，教师注意活动中操作配件的精美性，活动过程中幼儿需要用到夹起小砝码的镊子，于是教师想方设法四处寻找，最终找到了充满儿童情趣的有动物图像装饰的卡通镊子，进一步增强了材料的吸引力；最后，在需要称重的物品上，教师更是根据每个幼儿的不同爱好，有针对性地提供了女孩喜欢的珠子，男孩喜欢的石头，汽车迷喜欢的小汽车，做"小大人"要用到的各类蔬菜、水果样品等物品，让多样化的物品来增强幼儿的操作兴趣。

（三）材料形式的操作性

《指南》明确指出，教师要"最大限度地支持和满足幼儿通过直接感知、实际操作和亲身体验获取经验的需要"，因此，让幼儿在操作材料的过程中实现其自身的发展，这种活动形式非常符合幼儿的思维发展特点——直观形象性及直觉行动性。要使材料既符合幼儿的思维特点，又能促进幼儿在该领域的发展，在科学区提供的材料就应具有可操作性的特点。可操作性并不是指材料仅仅可以供幼儿摆弄，而是指要让材料通过幼儿的操作与探索，从半成品材料变成成品材料，也就是说，只有材料经过幼儿的探究，最终成为一样成品，这样的材料才真正具有"可操作性"。如：在科学区材料"垃圾环保分类"（见图 1-12）中，教师不可能提供完全真实的材料给幼儿操作，因为有的垃圾容易变质，不容易长期保存，有的垃圾有一定的毒性，幼儿不宜直接接触，如果只是提供图片让幼儿认知，而不能操作，这样的材料不会引起幼儿的兴趣，也不符合幼儿在学习中亲身操作这一特性，不能让幼儿在活动中更好地习得新的知识。对此，教师通过反复思考，巧妙地将各类垃圾用图片展现，同时收集或购买了可开合盖子的小垃圾桶。幼儿在科学区活动时，将图片上的垃圾按类别投入对应的垃圾桶，在所有垃圾投放完毕后，再将垃圾桶的盖子合上（见图 1-13）。这一设计既增强了材

图 1-12　材料"垃圾环保分类"

图 1-13　材料操作完成图

料的可操作性，又与真实生活中的垃圾投放动作和程序完全一致，极大地刺激了幼儿动手探索材料的愿望，加大了材料对幼儿发展的作用。

（四）材料内容的聚焦性

在科学区活动中，幼儿大多是开展自主性的独立探究，只有当他们遇到了问题或操作材料需要合作时，教师才会与幼儿开展适宜的合作或对幼儿进行引导。教师在设计科学区材料时，应该考虑幼儿的年龄特点及其学习品质；思考材料所涉及的内容时，不能因为材料制作费力耗时，就抱着"多多益善"的想法，希望材料涵盖尽可能多的内容。内容太多的科学区材料需要幼儿在探索中进行多重探索，而幼儿由于坚持性不够，容易发生注意转移，因此很难将一份材料从头到尾持续进行探究。教师应将材料内容进行聚焦，将目光从材料内容定位的广度调整到材料内容的精准度上，通过内容的集中，让幼儿围绕一个主题开展材料的探究，最终通过独立探索与主动克服困难而实现知识的增长、能力的提升以及学习品质的建立。如：科学区材料"动物的食性"（见图1-14、图1-15），教师在设计材料时，只需要从动物是食肉动物、食草动物还是杂食动物这几个大的方面来进行问题预设就可以了，不要在设计材料时还涉及这个动物具体吃什么食物，否则，就容易增加操作步骤，也会使材料的内容太多从而干扰幼儿，不利于培养幼儿有序的思维方式。

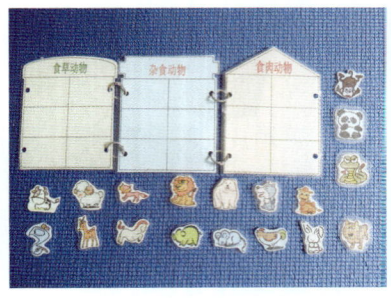

图1-14 材料"动物的食性"

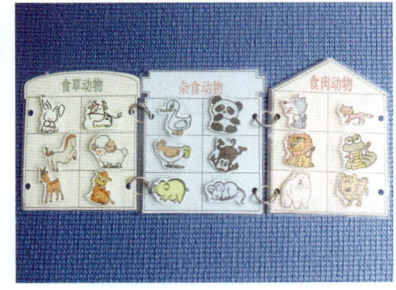

图1-15 操作完成图

（五）材料探索的可记录性

科学区的材料基本都涵盖着因果关系，而且材料的操作需要每一个步骤正确、精准，才能使最后的结果具有正确性。区域活动中有几十个幼儿，每个人做着不同的事情，分布在不同的区域，而班级师生比低，一个教师在同一活动时间要指导或观察十多个幼儿，对于特别需要帮助的幼儿，教师可能会全程关注并指导，而有一定能力及能力非常强的幼儿则多处于自我探索中，教师只在他们完成活动后引导其对活动过程进行回顾，并指导他们提升或聚焦经验，因此幼儿与材料互动的过程，就需要借助于媒介来进行记录，这样可以使幼儿的活动过程"可视化"，同时通过这一"可视化"材料的呈现，教师可以"看"到幼儿的活动过程，并了解幼儿在活动过程中的具体表现，根据这些表现对幼儿进行有针对性的指导。能帮助幼儿进行记录的媒介可以是相机，可以是摄像机，也可以是教师设计的记录单。教师针对区域活动中指导人力不足的情况，在设计具有严谨性的科学区材料时，特别需要考虑到材料探索的可记录性这一特点，让材料操作的每一个步骤都清晰、独立，且各步骤相互不可代替，这样就可通过记录看出活动中每一步骤的真实探索过程，为教师的总结性指导与提升提供可靠的记录数据或实证材料。如：在科学区"水的张力"这一操作材料中，教师在设计时将材料操作步骤清晰化，并设计了记录操作步骤的记录单（见图 1-16、图 1-17），幼儿通过在记录单上记录自己探索材料的各个步骤，使活动过程"可视

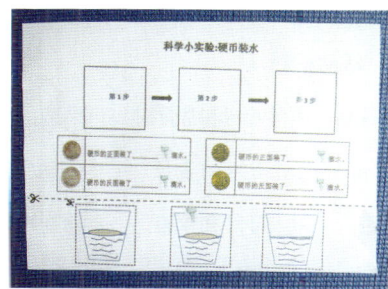 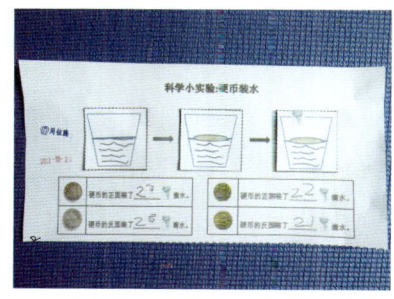

图 1-16　原始记录单　　　　图 1-17　幼儿完成的记录单

化",如果教师在活动中因指导任务过重而没有观察到幼儿的操作过程,在活动后可通过记录单上的记录回顾幼儿的操作,判断幼儿在活动过程中的操作正确与否,再选择对幼儿进行经验提升、问题突破、提高学习品质等不同方面的针对性指导。

(六)材料种类的丰富性

说到科学区材料,没有幼儿园实践经验的读者,或在幼儿园工作而没有系统设计过科学区材料的一线工作者,可能想到的多是各类实验材料或科技性制作材料。其实,幼儿园科学区域的材料,应该就是幼儿生活中的科学,是幼儿身边的科学,是他们可以感知、可以触摸、可以探索的需要去破解的心中的"秘密"。教师将幼儿希望了解的"秘密"进行搜集、归类,然后设计制作成可以动手探究的材料,这就是能够促使幼儿发现问题、解决问题的科学区材料,它们多层面、多形式地呈现,就是完整的幼儿园科学区了。科学区材料需要从两个方面体现材料的丰富性特点。

首先是内容上的丰富。我们将幼儿希望了解的"秘密"进行归类,可以分成植物、动物、人体、实验等几个类别。下面我们将呈现深圳市莲花二村幼儿园某中班科学区材料橱中的材料,来看看科学区材料种类的丰富性(见表1-2)。

表1-2 中班科学区材料橱

第一橱				
层级	活动材料			
第一层(植物)	树的嵌板	树叶找妈妈	落叶树和常青树	果蔬的切面
第二层(植物)	多彩的果汁	这是植物哪部分	玉米的生长	土豆发芽
第三层(动物)	鸟的嵌板	谁的羽毛	野兽和家畜	动物本领大
第四层(动物)	动物过冬	小动物的家	青蛙的一生	毛毛虫变蝴蝶

续表

第二橱				
层级	活动材料			
第一层（人体）	指纹档案	我家的指纹小书	爱护牙齿	牙齿的名字
第二层（人体）	食物的旅行	健康食品	男孩和女孩	人的一生
第三层（实验）	蜡烛熄灭了	静电游戏	灯泡发亮	水杯电话
第四层（实验）	水的浮力	水的张力	纸桥实验	笼中的小鸟

从表1-2中可以看出，中班上学期开学初，教师在科学区一共投放了30多份不同的探索材料，这些材料都是依据《指南》科学领域中"（一）科学探究"部分所涉及的所有目标制作而投放的。这些内容丰富的材料，可促进幼儿全面习得各类科学知识，发展各种科学技能，它们在一个学期里不是固定不变的，但当某个幼儿或某些群体有新的需要时，教师会立刻调整、更新材料，以及时满足幼儿的发展需求。

区域活动中的个别化学习，就是打破以往我们以年龄为标准来划分幼儿发展水平的做法，真正发现幼儿之间的发展差异，尊重幼儿之间的这种个别差异，运用不同层次的材料实现幼儿的差异性发展。为此，在科学区材料的丰富性上，我们还要体现材料目标的丰富性。纲领性文件或园本框架总目标是基于某一年龄段而制定的，教师在考虑目标制定时，首先要对总目标进行分解，在分解细化的目标基础上，再设计制作出满足不同发展水平幼儿需要的、层次各不相同的几份材料，让每个幼儿在有操作愿望时，都能在科学区材料体系中找到适合自己"最近发展区"的不同目标层次的材料，通过材料更好地"支架"他们的发展。下面我们同样呈现深圳市莲花二村幼儿园某大班科学区材料设计线索（见表1-3），来看看科学区同一内容、不同的分层目标材料的呈现方式，以此发现科学区同一内容材料目标的层次性与丰富性。

表 1-3　大班科学区材料设计线索（部分）

领域	目标	5—6岁目标	分层目标	对应活动材料
科学 （一） 科学 探究	目标1……	……	……	……
	目标2……	……	……	……
	目标3　在探究中认识周围事物和现象	1.……		
		2.……		
		3. 能探索并发现常见的物理现象产生的条件或影响因素，如沉浮等	低层次：知道什么现象是沉，什么现象是浮	"沉和浮"
			中层次：观察发现不同材质的物体在水中的沉浮状态	"沉浮游戏"
			高层次：知道改变物体的形状可以改变物体的沉浮状态	"改变沉和浮"

　　从表1-3可以看出，针对《指南》中的某一目标、某一年龄段的具体目标，教师在考虑提供幼儿需要的材料时，会将这一目标进行分解，使之成为更具操作性的多层次目标，并根据分解出来的分目标制作出对应的多份材料，让不同水平的幼儿都能从科学区材料中找到满足自己需要的材料，以此不断激发孩子主动参与活动的兴趣，使之有新鲜感，同时满足他们的学习欲望。

　　科学区材料要激发幼儿的科学情愫，培养他们对科学知识的热爱、不懈追求的科学态度，并建立严谨、细致的科学方法。教师一定要拓宽视野，选择内容时不要局限于某一类材料，应该尽可能地扩大科学的范围，在设计制作科学区材料时遵循以上特点，尤其是材料种类的多样性和目标层次的丰富性，使科学区真正成为幼儿认识世界的渠道，拓展其知识面，为他们后续的学习打好基础，真正实现设置科学区的目的。

二、科学区材料投放

《幼儿园区域活动——环境创设与活动设计方法》一书中指出："'区域活动'让幼儿在'有准备的环境'中和教师相互作用，并通过这种相互作用得以自主学习与有效发展。这是对以往让幼儿向'有准备的教师'学习的革命性变革——原来是教师教育，现在是环境教育；由此，幼儿也由以往向教师学习，变成了现在向被教师赋予了教育意义和发展意义的'区域活动材料'学习。"[①]

大家知道，在传统的教学中，教师绝对是走在活动最前面的人，他们通过讲解教具、操作教具，带领幼儿获得知识。教师是教具与幼儿之间的桥梁。而在区域活动中，完全颠覆了传统教学的这种"填鸭式"教学方法，教师转变成为幼儿背后的支持者，他们根据幼儿所要习得的知识、发展的能力、培养的品质等各方面的需要，设计制作操作材料，也就是学具，幼儿通过探索、研究这些可以直接感知、亲身体验的材料，促进自身各方面的发展，材料成为教师与幼儿之间的桥梁。在科学区中，教师投放活动材料时应让材料承载教师对幼儿发展的期望，满足幼儿不同阶段的发展需要及其不同的个性化需求，让他们在主动选择材料、独立操作材料、专注探究材料的过程中促进《纲要》和《指南》所期望的幼儿在科学领域的发展。

科学区与语言区、数学区等区域一样，所提供的操作材料学科特点明显，在投放时，内在的学科线索需要更清晰，而且在活动柜中呈现时，每一材料与其前后材料的层次有着清楚的递进关系。在幼儿对材料的连续探索过程

---

① 王微丽. 幼儿园区域活动——环境创设与活动设计方法［M］. 北京：中国轻工业出版社，2014.

中，教师能根据幼儿的选择进行及时的观察，确定幼儿选择的材料是否符合其当前的需要。基于以上原因，教师在进行科学区材料投放时，应注意以下几方面。

（一）了解个体与群体的需要

每个新的班级，在迎接小班幼儿入园时，科学区的活动材料柜里不可能是空的。深圳市莲花二村幼儿园从幼儿来园的第一天起，就已经开展区域活动了，区域活动所需要建立的常规从幼儿来园时就开始培养了。由于新班级的幼儿与教师在开学第一天没有进行过有关区域活动的互动，教师对幼儿在科学方面的发展不了解，因此在投放新班级的科学区材料时，教师都是根据以前在实践中的前期经验以及理论层面的幼儿年龄发展标准来进行预设的。

新入园的幼儿都是3岁左右的儿童，每个幼儿来自不同的家庭，有各自不同的生活背景和教育经历。因此，每个幼儿在兴趣、爱好、发展水平上都存在着差异，这种差异使他们在科学领域的发展也有着明显的差别。当他们进入科学区与材料进行互动时，材料是否能促进每个幼儿个性的发展，是否符合每个幼儿的当前需要，很快就有了答案。这时，教师一定要对班级幼儿有关科学方面的发展与需要进行个别与整体的评估和分析，了解每个幼儿在科学领域的发展水平，后续每个幼儿有什么需要，以及班级幼儿在科学探索方面的群体需求有哪些。

（二）确定支持发展的内容

要让科学区材料真正适合幼儿的发展，教师需要具备一定的教育观察能力、评价能力和反思能力，更要具备根据前期判断来为幼儿的后续发展需要提供支架发展材料的能力，只有这样，教师在活动中对幼儿的观察、在活动后对幼儿的评价才具有教育意义。在科学区材料投放的适宜性上，教师完成科学领域幼儿发展与需求的分析后，可从以下几方面着手：首先，要根据评价结果，架构出新的班级幼儿发展需要的科学区材料内容框架；其次，对照新的科学领域材料内容框架，核查原来投放的科学区材料，找出哪些材料适于当前班级幼儿的需要，能引导并促进他们的后续发展，哪些材料是不适宜的，并写出与幼儿互动的情况，以及材料撤出的具体原因；最后，教师完善科学区操作材料，明确需要新投入的材料有哪些。同样，做好材料投入日期及投入原因的记录。教师在开展材料的投入记录与撤出记录时，幼儿园可以统一设计表格进行材料记录（见表1-4），也可以让班级教师根据自己的教学风格进行个性化设计，通过记录更好地分析材料，提高材料与幼儿互动的有效性。

表1-4 幼儿科学区材料投放记录表

记录教师：	
材料名称：	
材料照片：	
所属区域：	
投入日期：	
投入原因：	
幼儿与材料互动的情况：	
撤出日期：	
撤出原因：	
材料优点：	
材料不足：	
后期改进：	

(三) 寻找或制作所需材料

区域活动是幼儿每天在幼儿园的常规活动内容之一，而且区域活动是促进幼儿个性化发展较为适宜的活动方式之一，材料在区域活动中对幼儿的发展起着决定作用，因此在区域活动中一定要做到让材料等待幼儿发现与探索，绝不能出现幼儿需要发展而活动柜中没有适合他发展的材料的情况。

在投放区域材料时，教师完成了以上两个步骤后，急需解决的就是将真实的、幼儿可操作的材料在科学区及时呈现，以保证每个幼儿在区域活动时能找到并完成最符合其"最近发展区"的材料的操作。添加新材料时，会出现两种情况。有的教师开展区域教学多年，自己有一定的材料积累，当他们增加区域活动材料时，可以先看看原来的材料资源库中是否有需要的材料。如果资源库中有需要的材料，教师只需要找出来，再判断一下材料内容的适宜性、材料外形的完整性，如果完全没有问题，则可直接投放，如果问题不大，在略微修改后也可进行投放。而有的教师由于开展区域教学的时间短，没有材料积累，或者有些资历深的教师在资源库中没有这方面的材料储备，那么就需要寻找相关物品，进行材料的制作。

从收集的物品能否直接利用以及利用率多少这一角度，我们可将收集来的物品分别称为原始物件、半成品物件及成品物件。原始物件是制作材料最基础的物品，它包括即时贴、卡纸、泡沫板等，教师通过设计加工这些物件，制作出可与幼儿互动的科学区材料。半成品物件是只需要教师略微加工即可提供给幼儿使用的物件。而成品物件，它本来就是可直接操作的材料，教师只需要直接收集或购买即可投放。在"透光小实验"材料（见图1-18）中，提示卡"透光"与"不透光"字卡就是教师完全用原始物件卡纸、过塑纸等自制完成的，手电筒就是成品物件，是直接从商店买来投放的；而"爱护牙齿"材料中的小盒子（见图1-19），则是半成品物件，教师利用原来就是嘴巴形状的盒子，略微加工成嘴形和牙齿，使装材料的盒子的外形与材料内容更贴近，而且卡通形状能更好地激发幼儿的操作兴趣。

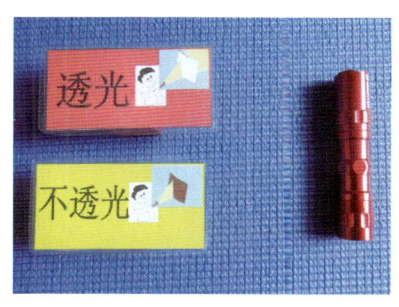 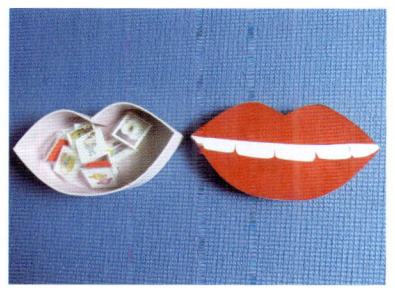

图 1-18　原始物件和成品物件　　图 1-19　半成品物件

(四) 调整材料摆放的顺序

科学区材料在活动柜中的呈现一定是有序的，材料在活动柜中以递进的层次展现。如果科学区材料有几个方面的内容线索，那么教师在投放材料时要将某一个内容线索的材料按层次摆放后，再开始有层次地摆放另一个内容线索的材料。如：在小班活动柜中有植物方面的材料，也有动物等方面的材料，那么教师要先将适合当前小班幼儿探索的植物方面的材料按从低到高的目标顺序在柜中呈现后，再开始摆放动物方面的材料，对动物方面的材料也要按从低到高的目标顺序进行摆放，然后进行其他方面的材料摆放。活动材料归类呈现，且目标递进式地呈现，有助于幼儿从易到难地选择材料，也有利于教师观察幼儿，发现材料对幼儿的适宜性，对幼儿的发展水平进行正确的判断，以及后续引导幼儿再次进行选择。

材料呈现的有序性是区域活动科学开展的基本保障之一，但教师在调整材料时，是根据幼儿的发展与需要进行更换的，这样就会出现问题，比如，撤出的材料有可能是整个科学区材料中的第三份，也有可能是其中的第十份，撤出一份材料就会有一份新的材料加入，那么加入的材料是不是就成为科学区的第三份或第十份材料呢？为了满足科学区材料呈现的有序性这一要求，教师需要判断新投放材料的原因，如果是因为第三份材料对幼儿发展不适宜或有制作方面的问题，由新的材料替换原来的材料，那么教师可以直接将新材料放在原来材料的位置上。但是，如果新投放的材料是基于幼儿有特殊需要而投放的,那么教师就要考虑这份材料是哪个类别的,它在这个类别中处于哪个层次,应该将它放到这一类别的材料中最适合的位置,确保这一类别材料线索的科学性,这样就使科学区材料线索清晰,目标层次分明。

(五)呈现激发操作的兴趣

教师调整了科学区活动柜中的材料,而如何让幼儿发现材料,且对新材料产生操作的愿望,教师选择什么样的方法将科学区材料投入区域至关重要。经过多年的实践,我们认为,用以下几种方法进行材料呈现,可以有效地起到促进幼儿积极探索科学区材料的作用。

第一种方法是小海报展示法。教师将科学区材料制作完成后,可以将材料拍成照片,然后将照片制作成小海报,海报内容至少包括"我的名字(材料名称)""我的长相(材料照片)""我的住址(材料在科学区柜中的什么地方)"。最后,将科学区材料小海报张贴在科学区固定的材料推荐位置上,每当幼儿看到新海报出现,就知道有新材料投放到科学区柜子里了,就会有幼儿主动去寻找材料并挑战材料。

第二种方法是直接推荐法。这种方法就是每次在区域活动前的谈话时间,教师利用集体活动直接将新科学区材料呈现在幼儿面前,并告知幼儿材料的名称,然后将材料放入科学区活动柜,让幼儿看到新材料的位置,并用语言激励幼儿去挑战新材料,或提示某些有此需要的幼儿率先挑战新材料。

第三种方法是教师操作法。这种方法就是教师将材料直接投放到科学区活动柜中,当没有幼儿发现新材料时,教师以幼儿同伴的身份,在科学区主动选择新材料,并按材料操作方法进行探索。教师的行为一定会引起幼儿的好奇心,当有幼儿来观看或询问时,教师可以鼓励幼儿自己操作完成后再来进行材料探索,教师通过自己的行动激发幼儿发现材料、探究材料。

材料呈现是材料从设计到制作再到投入科学区的最后一个环节,也是幼儿与材料直接互动的前一个环节。材料的设计与制作非常重要,但呈现也对幼儿主动探索材料有着不可替代的激励作用。所以,教师可根据以上三种呈现方法在实践中进行探索，寻找最适合自己班级的呈现方法，也可拓展思路，发现更好的呈现方法。

三、科学区材料预览

在科学区材料预览表（见表 1-5）中，我们一共选择了 48 份材料。这些材料的呈现是以材料的不同内容为板块，以目标层次的递进为排序方式，按小、中、大班三个年龄阶段进行了划分，但这只是给了一线教师一个基本的依据。在实践活动中，由于每个幼儿的智力优势各不相同，发展速度也千差万别，因此，在具体的科学区活动中，教师一定要根据幼儿的真实需要进行材料投放，以保证科学区材料在促进幼儿发展中的适宜性。

表 1-5　科学区材料预览表

年龄序号	小班	中班	大班
1	水果和蔬菜	树的嵌板	美丽的叶子
2	动物的尾巴	果蔬的切面	十二个月开的花
3	找影子	玉米的生长	种子生长
4	谁的脚印	鸟的嵌板	显微镜下的秘密
5	小动物长大了	野兽和家畜	害虫和益虫
6	我的身体	动物过冬	动物的食物
7	我的五官	青蛙的一生	食物链
8	手指宝宝	指纹档案	胎生和卵生
9	沉浮游戏	爱护牙齿	我们的眼球
10	透光小实验	食物的旅行	人体骨骼

续表

年龄 序号	小班	中班	大班
11	好玩的磁铁	人的一生	人体器官
12	会游泳的蛋	蜡烛熄灭了	我的血型
13		灯泡发亮	健康饮食金字塔
14		水的浮力	我在妈妈肚子里
15		纸桥实验	有趣的天平秤
16		笼中的小鸟	彩虹水
17			水的酸碱
18			气体的产生
19			纸筒的承重力
20			造纸实验

第二章
科学区材料案例

2014年，深圳市莲花二村幼儿园对区域整体课程进行总结并编写了《幼儿园区域活动——环境创设与活动设计方法》一书。在书中，我们从理论层面阐述了区域活动体系、区域整体设置以及活动开展，为了说明区域活动的有效性，我们选择了各个区域的个别经典案例。而本书是在《幼儿园区域活动——环境创设与活动设计方法》一书的基础上，详细解析区域课程中的科学区材料。本章将为读者呈现深圳市莲花二村幼儿园多年来借鉴国内外先进的教育理念，开展本土化教学实践后积累的科学区经典材料，为一线教师介绍小、中、大班三个不同年龄段科学区的材料体系，并详细地解析材料设计思路，设置活动材料导航，提供具体实物材料照片和材料操作方式，为开展区域活动的幼儿园提供可实际操作的科学区材料蓝本。

第一节 小班科学区

在介绍小班科学区时,我们选取了深圳市莲花二村幼儿园 17 年区域探索成果中的精华,荟萃了我园在中国化、本土化材料设计和制作中的优秀案例,为读者呈现如何在小班科学区初始阶段投放材料,从而激发初入幼儿园的孩子进入科学区开展探索的兴趣,并促使他们在科学区活动中形成良好的规则意识,培养良好的学习品质。

一、小班科学区设计思路

每个幼儿都是天生的"发现问题专家",他们每天有许多个"为什么"需要了解与解决。如果成人能对幼儿提出的疑惑进行及时的引导,并通过有效的手段去激发他们进一步探究的欲望,幼儿的好奇心就会得到保护,从而促使他们在人生中积极探索并不断创造。在设计小班科学区活动时,教师就充分地把握了这一特点。教师先是从幼儿每天能看到、吃到的蔬菜和水果着手,接着关注幼儿喜欢小动物的天性,最后考虑幼儿想了解自己身体特征的需要,来设计、制作、投放材料。教师通过设计可直接操作、内容游戏化的科学区材料,让幼儿在探索材料时感受到科学活动的乐趣,萌发喜欢科学的情感,激发进一步探索科学世界的兴趣。

二、小班科学区活动导航

通过小班科学区导航图(见图 2-1)可以看出,小班科学区的活动线索分为几个不同的方面,呈现时是将一个方面的内容进行集中展现后,再开始另一个方面的线索，如以认识植物为起点，到认识幼儿喜欢的动物，依次进行，这样呈现可让幼儿在活动中更好地选择适合自己的活动材料，也可以让教师更好地观察与判断幼儿的发展。

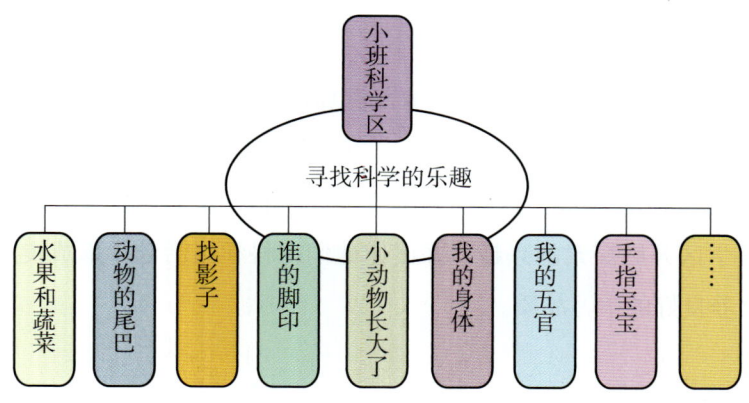

图 2-1　小班科学区导航图

三、小班科学区材料案例

案例 2-1

（1）活动名称：水果和蔬菜。

（2）活动目标：

①喜欢吃各种水果和蔬菜。

②认识常见的水果和蔬菜，知道名称和主要特征。

③能根据生活经验对水果和蔬菜进行分类。

（3）材料解读：

①材料上选择色彩鲜艳的仿真水果和蔬菜，易于幼儿辨认。

②设计两个果蔬篮子，增强幼儿操作的兴趣。

（4）材料构成（见图 2-2）：

①水果篮子、蔬菜篮子的图片各 1 张，水果、蔬菜若干。

②托盘，精致礼盒。

图 2-2　材料构成

（5）操作步骤：

①取出并观察各种水果和蔬菜，说出它们的名称（见图 2-3）。

图 2-3　取出水果和蔬菜观察

②根据自己的生活经验，将水果和蔬菜分类摆放（见图 2-4）。

图 2-4　将水果和蔬菜分类摆放

③将水果和蔬菜翻转过来，观察颜色标记，检查分类情况（见图 2-5）。

图 2-5　检查分类情况

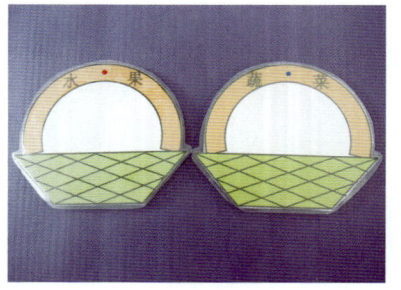

图 2-6　取出篮子

④将水果和蔬菜篮子取出来,认读篮子的名称(见图 2-6)。

图 2-7　桃子是水果

⑤找出"桃子"放进"水果"篮子里,说一说"桃子是水果"(见图 2-7)。

图 2-8　将水果放进篮子里

⑥逐一将所有的水果都放进篮子里(见图 2-8)。

图 2-9　将蔬菜放进篮子里

⑦将所有的蔬菜也放进篮子里,完成操作(见图 2-9)。

（6）适宜年龄：3—4岁。

（7）错误控制：水果、蔬菜上的颜色标记与篮子名称中间的颜色标记一致。

（8）注意事项：对于幼儿不认识的水果、蔬菜，教师要引导幼儿了解其名称和类别。

（9）变化延伸：

①引导幼儿认识更多常见的对身体生长发育有益的水果、蔬菜，拓展幼儿的认知度。

②可适当增加为水果、蔬菜涂色和拓印等活动。

（10）活动反思：

①开展水果和蔬菜的分类活动，应建立在幼儿的生活经验基础上。建议家长和老师在购买水果和蔬菜、做饭及幼儿进餐、分享水果时，充分利用实物引导幼儿认知。丰富的生活经验会引发幼儿持久的操作兴趣，帮助幼儿正确认知，并建立水果和蔬菜的概念。

②操作中，教师要注意提醒幼儿对照水果和蔬菜上面的标记进行检查，避免出现分类错误的情况。

③形象逼真的水果和蔬菜容易引起小班幼儿的好奇心，经常有幼儿将它们放进嘴里咬一咬、尝一尝。教师要注意提醒幼儿，避免误食后产生不适。

案例 2-2

（1）活动名称：动物的尾巴。

（2）活动目标：

①萌生爱护小动物的情感。

②了解动物尾巴的外形特征。

③能准确匹配常见动物的身体和尾巴。

（3）材料解读：

①采用画面清晰的动物卡片，将每种动物的身体和尾巴分成两部分。

图 2-10　材料构成

②卡片背后粘贴了废旧的笔盖或积木等材料，增加立体感。

（4）材料构成（见图 2-10）：

① 5 种小动物的身体卡片和尾巴卡片。

②编织筐，小篮子，记录单。

图 2-11　认识动物的身体

（5）操作步骤：

①取出动物的身体卡片，认识各种动物的身体（见图 2-11）。

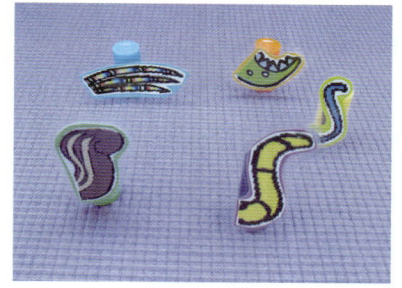

图 2-12　猜猜是谁的尾巴

②观察各种动物的尾巴卡片，猜一猜它们是谁的尾巴（见图 2-12）。

图 2-13　将动物的身体有序排列

③将动物的身体卡片排列整齐（见图 2-13）。

④取出老虎的尾巴卡片，仔细观察后摆放于老虎的身体旁，拼成一只完整的老虎（见图2-14）。

图 2-14　匹配老虎的尾巴

⑤依此类推，依次找出各种动物的尾巴卡片，将其摆放在相应的动物旁（见图2-15）。

图 2-15　匹配所有动物的尾巴

⑥检查每组卡片背后笔盖的颜色是否一致（见图2-16）。

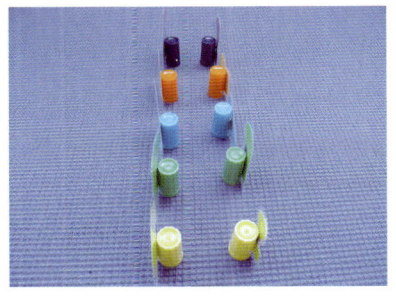

图 2-16　检查匹配的对错

⑦根据操作提示完成记录单（见图2-17）。

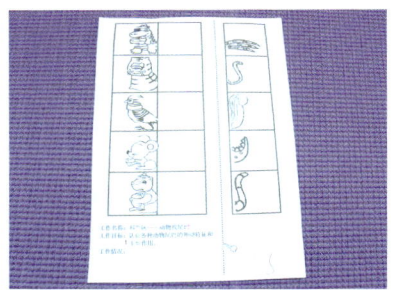

图 2-17　完成记录单

（6）适宜年龄：3—4岁。

（7）错误控制：每种动物的身体和尾巴背后都粘贴了相同颜色的笔盖。

（8）注意事项：幼儿拼接好每一种动物时，教师可引导幼儿说出动物的名称。

（9）变化延伸：

①可增加动物的数量。

②投放动物的头、动物的身体等操作材料，帮助幼儿进一步熟悉动物的身体特征。

（10）活动反思：

①与动物相关的科学认知活动深受小班幼儿的喜爱，教师充分把握幼儿的发展水平和认知特点，投放的材料是幼儿感兴趣并愿意去主动探索的。这份材料的操作难度不大，幼儿基本上可以独立完成。在幼儿完成材料探索后，教师要提醒幼儿将动物的身体和尾巴分开归位整理，以便下一个幼儿探索操作。

②幼儿全部完成操作后，教师可根据每个幼儿的实际操作情况为幼儿提供记录单，并根据幼儿的能力发展情况，让他们采用连线或剪贴的方法完成记录单。

案例2-3

（1）活动名称：找影子。

（2）活动目标：

①对影子现象感兴趣。

②熟悉常见动物的身体轮廓。

③能通过观察进行辨别，准确找到动物的影子。

（3）材料解读：

①提供1套幼儿喜欢、轮廓明显的动物图片，以便幼儿区分。

②给每个动物配上相应的影子图片，影子图片上的动物姿态要与动物图片一致。

（4）材料构成（见图2-18）：
①动物图片1套，动物的影子图片1套。
②托盘，碟子。

图2-18　材料构成

（5）操作步骤：
①从盘中取出动物图片，观察和认识各种动物（见图2-19）。

图2-19　观察和认识各种动物

②把所有动物图片摆放整齐（见图2-20）。

图2-20　将动物图片摆放整齐

③取出动物的影子图片，观察辨识有哪些动物（见图2-21）。

图2-21　观察动物的影子图片

图 2-22　这是小猫的影子

④找到小猫的影子,与动物图片进行匹配(见图 2-22)。

图 2-23　匹配动物与影子

⑤逐一把动物的影子图片与动物图片对应匹配,摆放整齐(见图 2-23)。

图 2-24　检查匹配情况

⑥对应卡片颜色,检查匹配情况(见图 2-24)。

图 2-25　完成记录单

⑦完成找影子的记录单(见图 2-25)。

（6）适宜年龄：3—4岁。

（7）错误控制：动物图片和影子图片上的轮廓匹配；每对图片的底板颜色一致。

（8）注意事项：幼儿摆放好动物图片后，教师可引导幼儿指认，说出动物名称。

（9）变化延伸：

①可提供更多的其他动物（如蝴蝶、昆虫等）的影子，引导幼儿认识。

②投放认识动物其他外形特征的操作材料，如"动物找头""谁的尾巴"等。

（10）活动反思：

①这份操作材料以动物图片和动物的影子图片为主要材料，幼儿通过一一对应来了解动物身体的外形轮廓，满足了小班幼儿对动物的探索欲望。

②这份材料在操作和认知层面对幼儿来说都比较容易掌握，教师指导的重点可着眼于记录单的完成，因为小班幼儿的手部肌肉发育不完善，握笔的方法难以掌握，教师可以引导幼儿用整个手掌握住笔来完成连线。

案例 2-4

（1）活动名称：谁的脚印。

（2）活动目标：

①愿意参与和动物相关的科学探索活动。

②了解动物脚印的特点，知道每种动物都有属于自己的脚印。

③能通过比较、分析，准确辨识动物的脚印。

（3）材料解读：

①选用形象逼真的小动物模型，激发幼儿操作的兴趣。

②设计1套凸起的脚印卡，便于幼儿感知。

③制作1套双面字图卡，一面是文字，另一面是图案。

（4）材料构成（见图2-26）：

①仿真小动物，人的模型，字图卡和脚印卡各1套，动物脚印图相架。

②托盘，小碟子。

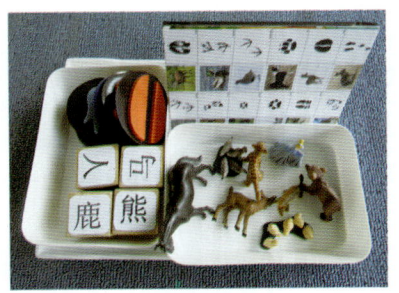

图 2-26　材料构成

（5）操作步骤：

①从托盘中取出动物脚印图相架，仔细观察各种脚印（见图2-27）。

图 2-27　观察动物脚印

②将仿真小动物和人的模型逐一取出，说出它们的名称（见图2-28）。

图 2-28　取出模型，观察认识

③取出仿真小动物马和字图卡进行配对（见图2-29），说一说："这是马。"

图 2-29　仿真马与字图卡配对

④对照动物脚印图相架,找出马的脚印卡(见图2-30),说一说:"这是马的脚印。"

图2-30　找出马的脚印卡

⑤逐一将所有的仿真动物、人的模型与相应的字图卡、脚印卡进行配对(见图2-31)。

图2-31　逐一配对摆放

⑥翻开动物脚印卡,观察背面的图标,检查脚印卡与字图卡上的图片是否一致(见图2-32)。

图2-32　检查脚印卡图标

⑦再将字图卡翻到有字的一面,逐一指读动物的名称(见图2-33)。

图2-33　指读字图卡上的字

（6）适宜年龄：3—4岁。

（7）错误控制：仿真小动物、人的模型与字图卡、脚印卡背面的图标一致。

（8）注意事项：教师要注意引导幼儿一起指读动物名称。

（9）变化延伸：

①设计记录单，可将动物的脚印卡作为印章在纸上记录下来。

②可更换各种动物，认识更多动物的脚印。

（10）活动反思：

①"谁的脚印"是小班年龄段的操作材料，这一时期幼儿的思维处于具体形象思维阶段，因此教师选择了立体的实物作为材料，以此激发幼儿操作的兴趣。由于脚印的数量多达8个，能力较弱的幼儿可能不能持续操作较长的时间，容易造成注意力分散，因此教师在操作中应根据幼儿的具体情况适当减少仿真小动物和脚印的数量。

②这份材料中出现了动物字图卡，教师在指导中可带着幼儿一边操作一边指读字图卡上的文字，借助于材料的提示，帮助幼儿认识一些简单的动物名称。

案例 2-5

（1）活动名称：小动物长大了。

（2）活动目标：

①体验成长的快乐，萌生对成长的向往之情。

②了解常见的几种小动物的生长过程。

③能够表述小动物各个生长时期的特征。

（3）材料解读：

①选用色彩鲜艳、数量适宜的简单拼图，根据小动物的生长顺序，分别用3种颜色在拼图上编上序号。

②制作一块"小动物长大了"的底板，底板上的凹槽与动物拼图的大小一致，并在凹槽下方粘贴"小动物长大了"的名称字卡。

（4）材料构成（见图2-34）：

①"小动物长大了"底板，木质小动物拼图。

②托盘，小碟子。

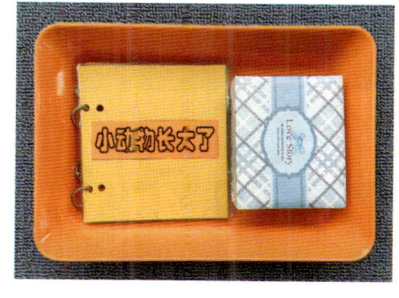

图 2-34 材料构成

（5）操作步骤：

①取出"小动物长大了"底板（见图2-35）。

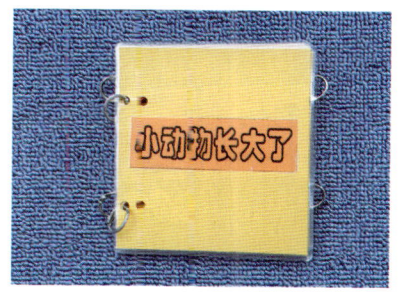

图 2-35 取出底板

②打开底板，观察3种小动物的拼图位置（见图2-36）。

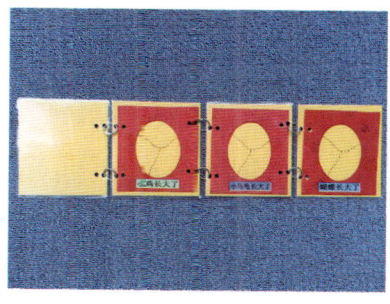

图 2-36 观察拼图位置

③把小动物拼图拿出来，散放在地毯上（见图2-37）。

图 2-37 取出小动物拼图

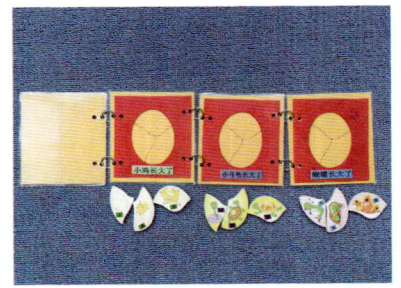

图 2-38　按标记分类摆放

④根据颜色的提示，将拼图分类摆放在对应的底板下方（见图 2-38）。

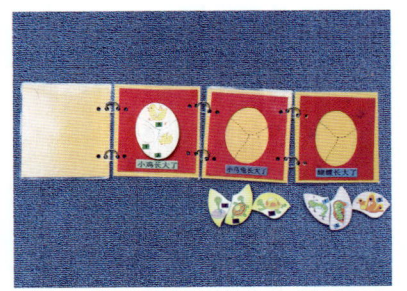

图 2-39　完成"小鸡长大了"拼图

⑤按小鸡长大的顺序，完成拼图，并摆放到底板上（见图 2-39）。

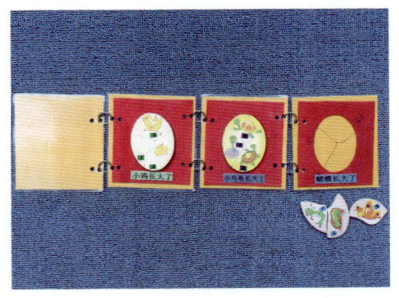

图 2-40　完成"小乌龟长大了"拼图

⑥用同样的方法，完成"小乌龟长大了"的拼图（见图 2-40）。

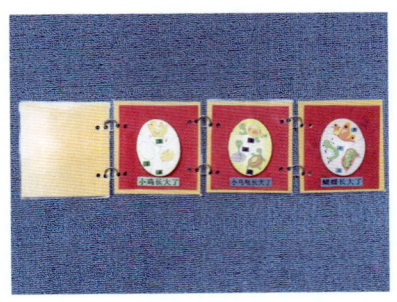

图 2-41　完成所有拼图

⑦完成所有的拼图（见图 2-41）。

（6）适宜年龄：3—4岁。

（7）错误控制：同一种小动物的名称字卡颜色与拼图上的编号颜色一致。

（8）注意事项：教师提醒幼儿注意拼图摆放的方向要对应文字的方向。

（9）变化延伸：

①投放"小动物长大了"的记录单。

②选用数量较多的动物（如蝴蝶、青蛙等）拼图，增强材料的挑战性。

（10）活动反思：

①这是一份适合小班幼儿操作的材料，教师预设的活动目标及材料的操作方法本身难度并不大，但由于教师提供了3种小动物，而且每种小动物的拼图数量和拼接口的形状都是一样的，个别幼儿在操作中容易拼错位置，因此，教师应注意检查幼儿的操作情况，提醒幼儿根据标记的颜色和动物本身的生长顺序进行纠错，以培养幼儿细致的观察能力。

②对于拼图能力较弱的幼儿，建议教师在底板上用虚线画下各个拼图的轮廓，适当降低拼图的难度，帮助幼儿顺利完成拼图，体验成功的快乐。

③对于认知能力和拼图能力较强的幼儿，教师可投放"小动物长大了"的记录单。针对小班幼儿不会写数字的特点，建议教师引导幼儿采用盖数字印章或撕贴数字等方式为小动物的成长过程编上序号。

案例 2-6

（1）活动名称：我的身体。

（2）材料目标：

①对人体的奥秘感兴趣，愿意探索发现。

②熟悉身体各部位的名称和外形特征。

③尝试与同伴一起玩和身体相关的游戏。

（3）材料解读：

①购买1个木头人，增强幼儿操作的兴趣。

②制作身体结构图，并配上相应的名称卡片，帮助幼儿认识各部位的名称。

图 2-42　材料构成

（4）材料构成（见图 2-42）：

①木头人，身体结构图底板，名称卡片，记录单，剪刀，胶水。

②托盘，盒子。

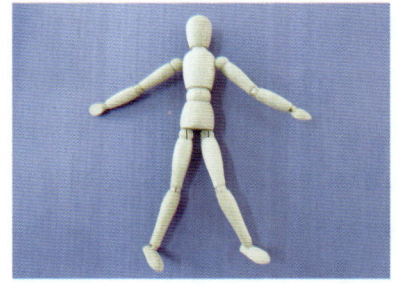

图 2-43　观察人体的外形特征

（5）操作步骤：

①从托盘中取出木头人，观察人体的外形特征（见图 2-43）。

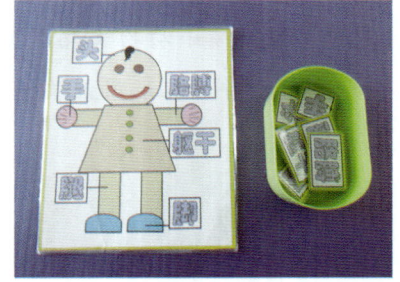

图 2-44　取出身体结构图底板

②取出身体结构图底板（见图 2-44）。

图 2-45　取出字卡

③取出字卡，散放在身体结构图底板的一侧（见图 2-45）。

④找到手部字卡,摆放到对应的框中,说一说:"这是'手'。"(见图2-46)

图2-46　这是"手"

⑤边认识身体名称,边将字卡与身体部位对应摆放(见图2-47)。

图2-47　完成图文匹配

⑥参照身体结构图底板的提示,再次指认木头人的身体部位(见图2-48)。

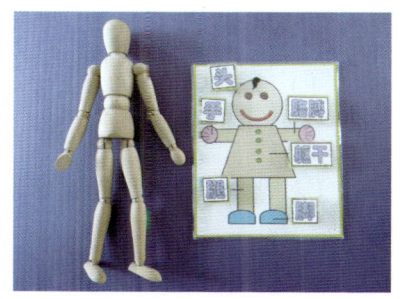

图2-48　再次指认身体部位

⑦参照摆放好的人体图片,完成记录单(见图2-49)。

图2-49　完成记录单

（6）适宜年龄：3—4岁。

（7）错误控制：字卡上的文字与底板上的文字一致。

（8）注意事项：在幼儿摆放字卡时，教师可引导幼儿认读字卡。

（9）变化延伸：幼儿与同伴玩"看谁指得快"的游戏，互相指认并说出身体各部位的名称。

（10）活动反思：

① "我的身体"是小班认识人体的活动之一。由于幼儿还不能完全认识卡片上的文字，因此在进行图文匹配时，需要老师带领幼儿一起指读，帮助幼儿建立图文对应关系，正确认识自己的身体部位。

②此份材料提供了记录单的操作，而且需要使用剪刀、胶水等工具材料，因此，在活动前教师应引导幼儿学习安全使用剪刀的技能和适量用胶水粘贴的方法，同时建立良好的垃圾处理常规。对于能力较弱的幼儿，教师可以和他们共同完成记录单的粘贴，帮助幼儿顺利完成材料的操作。

案例 2-7

（1）活动名称：我的五官。

（2）活动目标：

①对身体感兴趣，愿意探索人体五官的奥秘。

②了解五官的名称、数量、功能以及在头部的位置。

③能听指令手眼协调地玩指五官游戏。

（3）材料解读：

①选用磁性的五官操作材料，激发幼儿的探究兴趣。

②制作1套五官名称字卡。

（4）材料构成（见图2-50）：

①磁性人体头部及五官，五官名称字卡。

②托盘，小纸盒。

图 2-50　材料构成

（5）操作步骤：

①取出人体头部底板，观察它上面少了些什么（见图 2-51）。

图 2-51　底板上少了什么

②将五官取出，散放在底板旁边（见图 2-52）。

图 2-52　取出五官

③拿起眼睛卡片，说一说它的名称和作用（见图 2-53）。

图 2-53　这是眼睛

④将眼睛卡片粘贴到底板相应的位置上（见图 2-54）。

图 2-54　粘贴眼睛

⑤依此方法,将其他部位也粘贴到底板上(见图2-55)。

图 2-55　全部粘贴好

⑥取出五官字卡(见图2-56)。

图 2-56　取出五官字卡

⑦将字卡摆放到完整的五官图上(见图2-57)。

图 2-57　图文匹配

(6)适宜年龄:3—4岁。

(7)错误控制:在头部底板上用虚线描画出五官的位置和形状,字卡上有五官的图片。

(8)注意事项:教师引导幼儿指读、辨认五官的名称。

（9）变化延伸：

①和老师、同伴一起玩指五官的游戏。

②了解保护五官的方法，养成良好的生活卫生习惯。

（10）活动反思：

①这是一份适合小班刚入园幼儿的操作材料，由于受新生适应期焦虑和不安情绪的影响，个别幼儿会出现揉眼睛、挖鼻孔、咬指甲等不良行为习惯，因此，教师提供这份材料是非常适宜的，幼儿可以通过与材料的互动，认识自己的五官，增强自我保护意识。

②为了增强幼儿操作的便利性和趣味性，教师选择了磁性材料供幼儿操作，而通常磁性材料的背面都是黑色的，掉落后不易被发现。因此，为了培养幼儿做事认真细致的良好习惯，也避免材料的丢失，在收取材料时，教师应帮助幼儿仔细检查五官的数量，将材料完整地归位。

案例 2-8

（1）活动名称：手指宝宝。

（2）活动目标：

①对身体构造感兴趣，建立保护身体的意识。

②了解左手、右手的区别，认识每个手指的名称。

③能用完整的语言描述自己的操作活动。

（3）材料解读：

①将购买回来的手指嵌板进行加工，相同名称的手指用一种颜色标记，底板上也要用颜色将手指区分开，以便幼儿取放。

②制作左手、右手标记和各手指名称字卡，将左手、右手标记粘贴在底板上。

（4）材料构成（见图 2-58）：

①手指嵌板，手指名称字卡，小木夹。

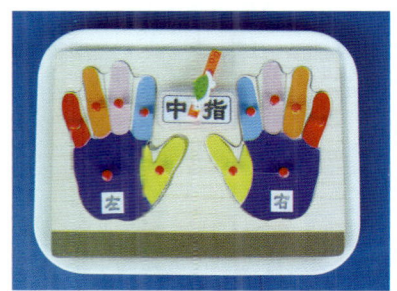

图 2-58　材料构成

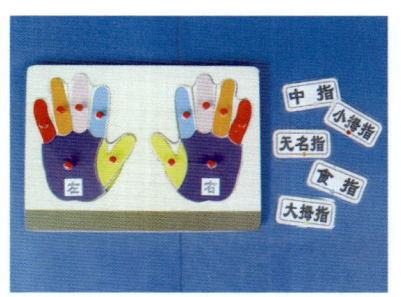

图 2-59 取出材料

②托盘。

（5）操作步骤：

①从托盘中取出手指嵌板，将字卡散放在嵌板的旁边（见图 2-59）。

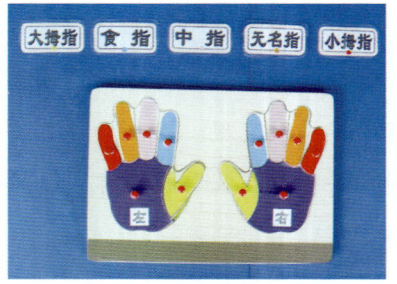

图 2-60 排列字卡

②认读字卡，按照"大拇指—食指—中指—无名指—小拇指"的顺序整齐排列在嵌板的上方（见图 2-60）。

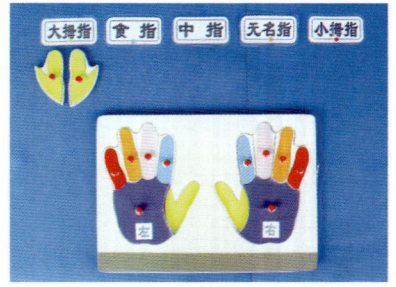

图 2-61 大拇指和字卡对应

③取出左手、右手的大拇指，对应摆放在大拇指的字卡下方（见图 2-61）。

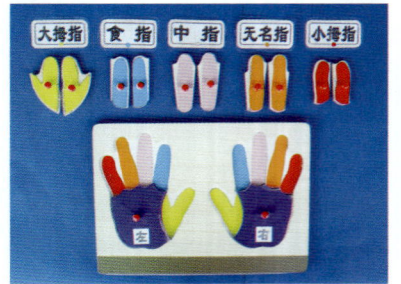

图 2-62 完成匹配

④把剩余的手指与字卡匹配（见图 2-62）。

⑤检查字卡上的圆点颜色和手指的颜色是否一致（见图2-63）。

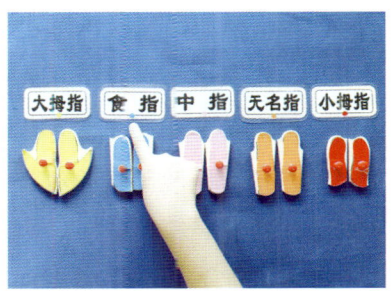

图2-63 检查颜色标记

⑥观察自己的小手，取字卡"大拇指"对应摆放在自己的大拇指旁边（见图2-64）。

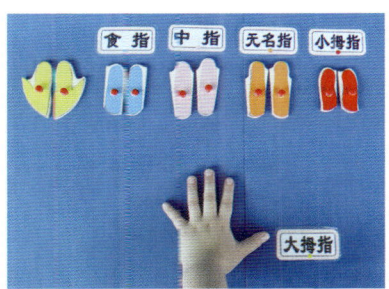

图2-64 字卡和小手对应

⑦将所有的字卡与自己的手指对应摆放，认读手指名称（见图2-65）。

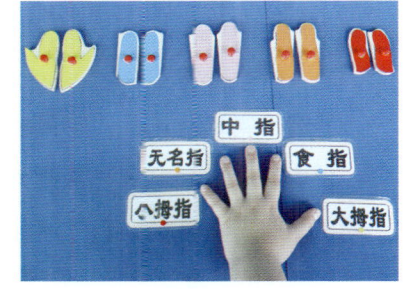

图2-65 认读手指名称

（6）适宜年龄：3—4岁。

（7）错误控制：字卡上圆点的颜色和手指嵌板上的手指颜色相一致。

（8）注意事项：在幼儿摆放字卡时，教师可引导幼儿认读字卡，说出自己小手手指的名称。

（9）变化延伸：与同伴玩"猜猜左手和右手"的游戏。

（10）活动反思：

①"手指宝宝"是小班认识人体起始阶段的活动，此项操作活动以手指嵌板、对应的手指文字卡片为主要材料，幼儿通过一一对应来了解每个手指的名称。小班年龄阶段的幼儿或许还不能完全认识卡片上的文字，因此需要教师细心观察和及时引导，帮助幼儿建立图文的对应关系。

②幼儿用自己的手指去比对嵌板和文字卡片，是非常好的认知方式，但对于不能正确区分手指名称的幼儿，教师要及时观察和引导，帮助幼儿给自己的手指正确命名。

案例 2-9

（1）活动名称：沉浮游戏。

（2）活动目标：

①对沉浮现象感兴趣，愿意动手进行操作。

②感受物品在水中的沉浮状态，知道哪些物品会沉，哪些物品会浮。

③敢于在集体中分享自己的探索发现。

（3）材料解读：

①选用宽边的托盘，防止玻璃杯和实验材料散落。

②选用透明的玻璃杯或塑料杯，便于幼儿清晰地观察实验过程和结果。

③缝制一块垫布，将沉浮标记固定在垫布的两边。

（4）材料构成（见图 2-66）：

①垫布，抹布，小勺子，各种实物材料。

②托盘，鱼形瓷盘，贝壳小碟。

图 2-66　材料构成

（5）操作步骤：

①打开垫布，观察沉和浮的标记（见图 2-67）。

图 2-67　观察沉浮标记

②取出杯子，按标记线的提示装一杯水（见图 2-68）。

图 2-68　按标记线装水

③取出实验物品，观察它们的不同材质（见图 2-69）。

图 2-69　取出实验材料

④将贝壳放进水中，观察它在水中的沉浮变化（见图 2-70）。

图 2-70　将贝壳放进水中并观察

图 2-71　舀出贝壳擦干

⑤用勺子把贝壳舀出来，然后用抹布擦干水（见图 2-71）。

图 2-72　放在"沉"的标记下

⑥对照沉浮标记，将贝壳摆放在"沉"的标记下方（见图 2-72）。

图 2-73　依次完成实验

⑦依次将其他物品放进水中进行实验、观察，并对照实验结果，把物品摆放在对应的标记下方（见图 2-73）。

（6）适宜年龄：3—4 岁。

（7）错误控制：沉浮字卡旁标有物体沉与浮的图标作参照。

（8）注意事项：教师提醒幼儿用水杯装水时，注意不要超过标记线。

（9）变化延伸：

①改变装水器皿的大小或更换各种不同的实物进行沉浮实验。

②在班级的玩水区投放大量的自然物,供幼儿自由探索。

(10)活动反思:

①这个实验涉及水的使用,小班幼儿在装水、倒水和实验的时候难免会将水溢出或洒落,所以,教师应提醒幼儿在靠近水源的台面上进行实验,既便于自己操作,又不影响其他同伴工作。

②为了便于幼儿观察,教师提供了透明的玻璃杯,由于小班幼儿的手腕力量较弱,所以杯子不宜太重,而且标记线的高度也要适宜。在实验的过程中,如果出现了玻璃杯倾倒或摔碎等情况,教师应及时介入,协作幼儿处理,以免碎片伤害幼儿。

③实验完成后,教师要注意提醒幼儿用抹布将所有物品的水迹擦干,将抹布晾晒干,防止发霉。这是幼儿必须养成的良好实验常规。

案例 2-10

(1)活动名称:透光小实验。

(2)活动目标:

①对透光现象感兴趣,喜欢参与探索活动。

②感知光的穿透现象,探索各种物品的透光性能。

③能用语言大胆表述自己的探索结果。

(3)材料解读:

①提供各种不同材质的实验物品,吸引幼儿探究的兴趣。

②选用小巧精致、聚光的 LED 手电筒。

(4)材料构成(见图 2-74):

①小手电筒,透光和不透光的标记,垫布,各种实验材料。

②托盘,小竹筐,小盘二。

图 2-74　材料构成

图 2-75　摆放标记

（5）操作步骤：

①打开垫布，将透光和不透光的标记摆放在垫布两边（见图 2-75）。

图 2-76　取出实验材料

②取出手电筒和小筐，观察各种实验材料（见图 2-76）。

图 2-77　照一照石头

③用手电筒照一照石头，观察石头是否透光（见图 2-77）。

图 2-78　放在不透光的标记下方

④根据实验结果，把石头摆放在不透光的标记下方（见图 2-78）。

⑤再用手电筒照其他材料,观察它们的透光现象(见图2-79)。

图2-79 探索其他材料

⑥将透光和不透光的材料分类摆放(见图2-80)。

图2-80 分类摆放材料

⑦将所有物品用手电筒一一进行实验后,按完成的结果分类摆放(见图2-81)。

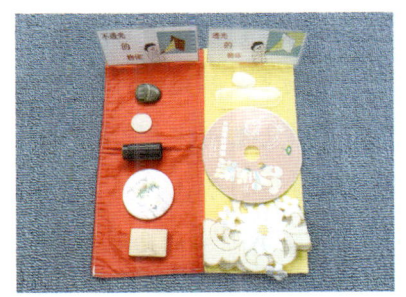

图2-81 按结果分类摆放

(6)适宜年龄:3—4岁。

(7)错误控制:透光和不透光的标记旁有图标的提示。

(8)注意事项:使用小手电筒时,教师要提醒幼儿注意不要把光对着自己或别人的眼睛照射,以防影响视力。

(9)变化延伸:

①进行其他光的实验,如光的反射与折射、暗室中的光实验等。

②增加透光、不透光的实验记录单。

（10）活动反思：

①这是一个光的实验，实验场所的明亮程度直接影响幼儿对实验结果的对比观察。因此，教师可建议幼儿选择活动室里相对较暗的场所或房间进行操作，帮助幼儿清晰地观察光的穿透现象，感知物体的材质、厚度与透光程度的关系。

②小班幼儿的专注力持续时间较短，教师要随时关注幼儿实验的情况，实验材料的数量可根据幼儿的个体差异适当增减。教师要鼓励学习能力强的幼儿探索其他物体的透光性能，丰富他们的经验。对于注意力易分散的幼儿，教师要适当减少实验材料，鼓励幼儿专注探索，培养幼儿的坚持性。

案例 2-11

（1）活动名称：好玩的磁铁。

（2）材料目标：

①体验磁铁实验的乐趣，乐于参与探索。

②初步了解磁铁的功能，知道磁铁与被它吸住的物品的关系。

③能大胆讲述自己的实验经验和探索发现。

（3）材料解读：

①提供带柄的磁铁棒和多种材质的物品（纸片、橡皮擦、铁夹、弹珠等），供幼儿充分探究。

②制作"吸"与"不吸"的标记和1套字图卡片，便于幼儿分类。

（4）材料构成（见图2-82）：

①各种材质的物品，磁铁棒，字图卡，垫布。

②布艺花筐，礼品盒，小钱包。

图 2-82　材料构成

(5)操作步骤:

①从小盒子中取出各种实验物品,并观察认识(见图 2-83)。

图 2-83　观察实验物品

②手拿磁铁棒靠近各种物品,看看哪些东西被吸在磁铁棒上了(见图 2-84)。

图 2-84　用磁铁棒吸物品

③把可以吸的物品和不可以吸的物品分类摆放(见图 2-85)。

图 2-85　分类摆放

④打开垫布,认识上面的"吸"和"不吸"的标记(见图 2-86)。

图 2-86　认识标记

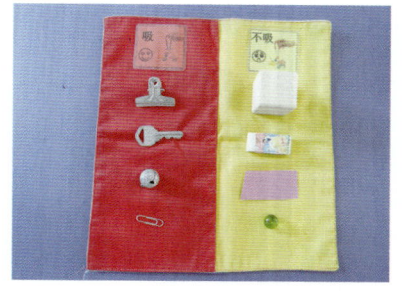

图 2-87　分类摆到标记下

⑤把可以吸的物品摆在红色标记下方，把不能吸的物品摆在黄色标记下方（见图 2-87）。

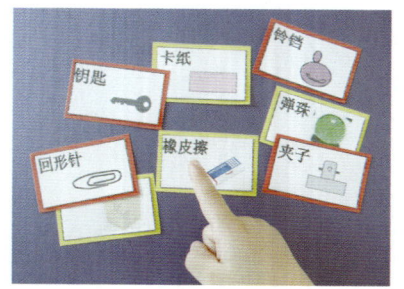

图 2-88　指读字图卡

⑥从袋子中取出字图卡，根据图片提示指读（见图 2-88）。

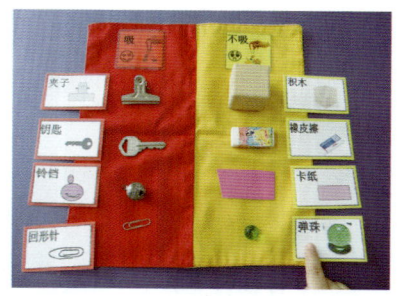

图 2-89　把字图卡与物品对应摆放

⑦把字图卡和实验物品一一对应摆放，并再次指认（见图 2-89）。

（6）适宜年龄：3—4 岁。

（7）错误控制："吸"和"不吸"的标记颜色、垫布颜色和字图卡边框颜色一致。

（8）注意事项：在幼儿的操作过程中，教师要注意引导幼儿观察分析，被吸和不被吸的物品分别是什么材质的。

（9）变化延伸：

①鼓励幼儿在生活中找一找哪些用品是可以被磁铁吸的。

②可以提供各种形状的磁铁，让幼儿充分探索、发现。

（10）活动反思：

①小班幼儿对磁铁活动表现出强烈的好奇心，而且他们乐于通过自己动手操作来发现磁铁实验的现象和规律，自主动手操作的积极性很高。教师可鼓励幼儿反复探究，发现磁铁可以吸住铁制品的特性。

②通过科学小实验来培养小班幼儿的语言表达能力也非常重要。在实验过程中，教师应引导幼儿说一说什么能被吸住、什么不能被吸住，帮助幼儿得出实验结论：磁铁能吸住铁质的东西。活动结束后，教师还可以鼓励幼儿大胆讲述自己的实验经验和探索发现，培养幼儿完整有序的语言表述能力。

案例 2-12

（1）活动名称：会游泳的蛋。

（2）活动目标：

①喜欢和水相关的材料，愿意探索发现。

②探索在清水中逐步加入盐后鸡蛋的沉浮变化，初步感知悬浮现象。

③尝试用完整的语言描述实验的结果和感受。

（3）材料解读：

①提供1个容量稍大的透明器皿，便于幼儿观察。

②选择2个大小不同的生鸡蛋，对比观察水的比重、物体大小与浮力的关系。

（4）材料构成（见图2-90）：

①鸡蛋2个，食盐，勺子，盐罐。

②托盘，碟子，玻璃杯。

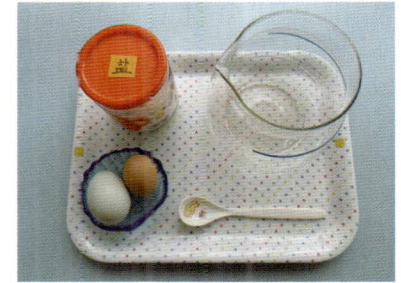

图 2-90　材料构成

图 2-91　装水至蓝线处

（5）操作步骤：

①从托盘中取出鸡蛋和玻璃杯，用玻璃杯装水至蓝线处（见图 2-91）。

图 2-92　把小鸡蛋放入水中

②把小鸡蛋轻轻放入水中，观察它一下就沉入杯底的现象（见图 2-92）。

图 2-93　再把大鸡蛋放入水中

③把大鸡蛋也放入水中，2 个鸡蛋都沉到了杯底（见图 2-93）。

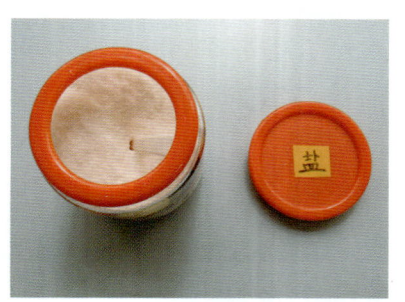

图 2-94　打开盐罐的盖子

④打开盐罐的盖子（见图 2-94）。

⑤舀一勺盐放入水中（见图2-95）。

图2-95 在水中放一勺盐

⑥边加盐边搅拌，使水中的盐完全溶解（见图2-96）。

图2-96 边加盐边搅拌

⑦不停地加入盐并搅拌，直至水底的蛋浮出水面（见图2-97）。

图2-97 蛋浮上来了

（6）适宜年龄：3—4岁。

（7）错误控制：玻璃杯的上部粘贴有蓝色的水位控制线。

（8）注意事项：教师提醒幼儿将鸡蛋轻轻放入水中，以免鸡蛋破损。

（9）变化延伸：

①探索鸡蛋悬浮时总是小的一头朝下、熟鸡蛋会浮起来等现象。

②改变容器的大小，进行对比实验。

（10）活动反思：

①小班幼儿手部动作的协调性和灵活性较弱，因此材料操作中的搅拌动作对幼儿手腕力量的控制具有一定的挑战性。在操作中，教师应注意提醒幼儿搅拌时尽可能避开鸡蛋，以免碰撞造成鸡蛋破损。对操作困难的幼儿，教师还要给予具体的指导，建议他们采用打圈或直线的方式进行搅拌，以促进幼儿手部精细动作的发展，帮助幼儿体验实验的成功感。

② 在幼儿探索科学实验类活动初期，养成良好的实验习惯非常重要，尤其是有序的操作行为和细致的观察习惯。这份材料对装水的环节提出了规范的要求，水装得太多容易溢出，水太少又会导致悬浮现象不明显，因此在操作时，教师应注意提醒幼儿按照控制线提示的位置装水。此外，小班幼儿还容易对加盐搅拌这个动作本身感兴趣，而忽视了对实验过程的观察。因此教师应提醒幼儿，加一勺盐后边搅拌边观察，待盐完全溶解后再重复动作，直至鸡蛋完全浮起。通过有序的实验操作与观察，养成幼儿科学的实验态度和良好的操作习惯。

第二节　中班科学区

在介绍中班科学区时，我们从深圳市莲花二村幼儿园17年区域探索成果中选取了有代表性的活动，通过集中呈现，让读者了解如何基于小班科学区，在中班科学区开展承上启下的科学探索活动，实现科学区材料设计的中国化与本土化，最终促进幼儿的科学素养与能力在小班科学领域发展的基础上有进一步的提高，同时又为大班科学区的探索做好相关的准备。

一、中班科学区设计思路

教师在考虑中班科学区活动设计、材料投放时，应根据中班幼儿已萌发抽象逻辑思维的特点。因此，科学区材料的定位从小班的"寻找科学的乐趣"提升到中班的"发现科学的奥秘"，活动目标从小班的"以培养幼儿对科学的兴趣为主"，逐步过渡到中班的"幼儿主动发现并寻找生活中的科学现象、了解周围的科学知识等方面"。科学区材料既包括与幼儿的生活经验紧密联系的材料，也包括单纯性科学学科知识、科学实验方面的材料。这种既有生活特点又有学科特点的科学区材料，能使幼儿更加热爱科学，鼓励幼儿探寻科学这一学科的秘密。

二、中班科学区活动导航

通过中班科学区导航图（见图2-98）可以看出，中班阶段幼儿的科学区材料依然是植物、动物、人体及小实验等几个方面，板块虽然与小班所涉及的科学区材料大致相同，但在材料的目标层次、内容深度上比小班提高了许多。通过这些更深层的材料，可让有小班科学区活动经验的幼儿，在积极探索材料、习得更广泛的科学知识的基础上，在科学区中的各种能力进一步得到提高，同时初步形成各种良好的学习品质，为其大班的科学区材料探索打好基础。

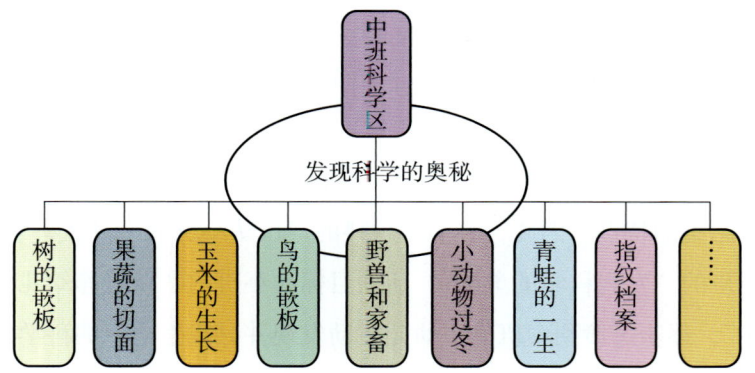

图 2-98 中班科学区导航图

三、中班科学区材料案例

案例 2-13

（1）活动名称：树的嵌板。

（2）活动目标：

①乐于与树交朋友，产生对树的关爱之情。

②认识大树的不同部位，了解它们的作用。

③能和同伴分享与树相处的经验。

图 2-99 材料构成

（3）材料解读：

①设计 1 本《树的小书》，按照从根部到树叶的顺序装订好。

②提供 1 套图卡，便于幼儿认识各部位的名称。

（4）材料构成（见图 2-99）：

①《树的小书》，图卡 1 套，字卡 1 套，树的嵌板，底板。

②碟子，小盒子。

（5）操作步骤：

①翻看《树的小书》，了解大树的外形及各部位的名称（见图2-100）。

图2-100　翻看小书

②取出树的图卡，按照从根部到树叶的顺序进行排序（见图2-101）。

图2-101　图卡排序

③取出树的嵌板拼图，散放在图卡旁边（见图2-102）。

图2-102　取出树的嵌板拼图

④指读树根图卡，并找到树根的拼图，摆到图卡上（见图2-103）。

图2-103　摆放树根

图 2-104　摆放好其他部位

⑤依次将大树的其他部位摆到图卡上（见图 2-104）。

图 2-105　匹配文字

⑥认读字卡，根据图卡上的提示进行文字配对（见图 2-105）。

图 2-106　拼成一棵大树

⑦在底板上拼成一棵大树（见图 2-106）。

（6）适宜年龄：4—5 岁。

（7）错误控制：每张图卡上标注的大树部位与嵌板上的大小、颜色相一致。

（8）注意事项：在材料投放前将嵌板进行磨边处理，以防木刺刮伤幼儿。

（9）变化延伸：

①增加《树的小书》记录单，幼儿可制作树的小书。

②开展"我和大树交朋友"活动,鼓励幼儿认领一棵大树,定期浇水和除草。

(10) 活动反思:

①在设计此份材料的时候,考虑到要满足不同水平幼儿的需求,教师同时投放了《树的小书》和图卡。教师可观察幼儿的认知水平和能力发展情况,鼓励幼儿选择其中的一种指引进行操作,如幼儿能力较强,在看书后已经基本了解了大树各部分的名称,则不需要借助于图卡,可直接进行下面的操作。

②在嵌板上完成大树拼图,对于能力较弱的幼儿比较困难,常常见到有些幼儿在错误的位置用力拼凑,造成拼图破损或拔掉把手等情况。建议教师根据幼儿的能力情况降低材料的操作难度,在拼图的底板上画出错误控制线,指引幼儿完成操作,从而获得成功感。

案例 2-14

(1) 活动名称:果蔬的切面。

(2) 活动目标:

①乐于探索发现果蔬内部的秘密。

②了解果蔬的横、竖切面的形态,感知果蔬的内在结构。

③能将探索经验灵活运用到日常生活中。

(3) 材料解读:

①选用几种幼儿熟悉的、各切面特征有明显区别的水果和蔬菜。

②将卡片以立体的形式加以呈现,增强幼儿操作的兴趣。

(4) 材料构成(见图 2-107):

①彩色字卡,带底色的彩色水果和蔬菜及其横切面、竖切面的图片。

②长形花托盘,小礼盒,编织小筐。

图 2-107 材料构成

图 2-108　取出果蔬卡片

（5）操作步骤：

①打开小礼盒，取出水果和蔬菜的图片，散放在地毯上（见图 2-108）。

图 2-109　找到同一种果蔬

②找到同一种水果或蔬菜的完整图片、横切面图片和竖切面图片，分类摆放（见图 2-109）。

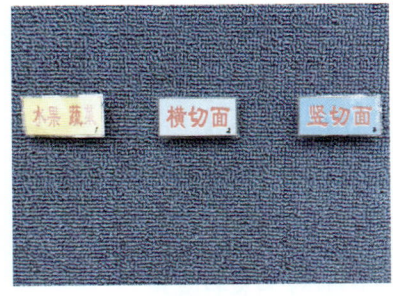

图 2-110　认读 3 种标记

③认识 3 种标记：水果蔬菜、横切面、竖切面（见图 2-110）。

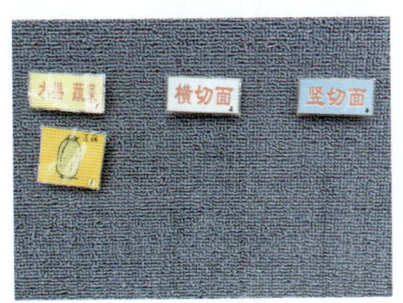

图 2-111　摆放完整的莲藕

④取出一张完整的图片（如莲藕的图片），对应字卡摆放好（见图 2-111）。

⑤找到莲藕的横切面和竖切面的图片，对应摆放到字卡下方（见图2-112）。

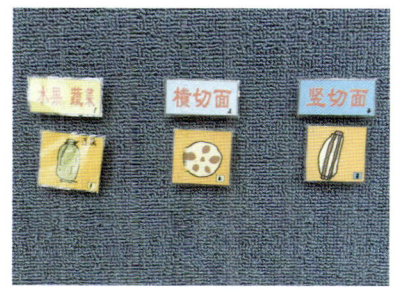

图2-112　莲藕及其横切面和竖切面

⑥用同样的方法摆放西红柿及其横切面和竖切面的照片（见图2-113）。

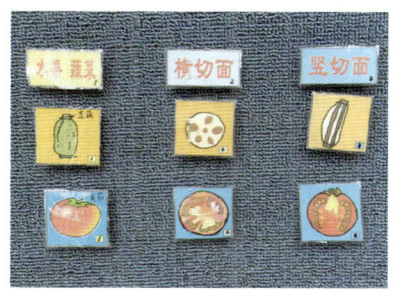

图2-113　西红柿及其切面

⑦摆放橙子及其切面的图片，最后对应字卡底色与数字编号进行检查（见图2-114）。

图2-114　橙子及其切面

（6）适宜年龄：4—5岁。

（7）错误控制：

①字卡颜色和水果、蔬菜的底板颜色是对应的。

②字卡右下角的数字和图片右下角的数字也是对应的。

（8）注意事项：教师要提醒幼儿重点检查两个切面的位置是否摆反。

（9）变化延伸：

①更换或增加水果、蔬菜的品种。

②用果蔬的切面开展艺术创想等活动。

（10）活动反思：

①幼儿对常见果蔬的外形特征、味道等比较熟悉，但他们不一定了解果蔬各种切面的形态。这份材料以切面为重点，让幼儿通过探索获得相关的认知经验，可以培养幼儿细心观察及多角度思考问题的能力，对中班幼儿思维品质的培养具有重要意义。教师还可以此份材料为切入点将其拓展为班级的主题活动，引导幼儿探索果蔬实物，让幼儿更直观地感知各种果蔬的横竖切面，并用果蔬开展艺术创想、表演等多种形式的活动，丰富幼儿的生活。

②"横切面"和"竖切面"是两个比较抽象的名词，如果幼儿在表述中出现困难，教师可引导幼儿用自己的语言进行表述，如"横过来""竖起来"等，而不应强求幼儿记住两个切面的名称。

案例 2-15

（1）活动名称：玉米的生长。

（2）活动目标：

①对植物感兴趣，愿意探究植物的生长变化。

②了解玉米的生长过程，知道玉米在各个生长阶段的名称及特征。

③能结合生活经验完整地讲述玉米的生长过程。

（3）材料解读：

①购买玉米标本，并在标本上按照生长顺序进行编号。

②制作玉米生长史彩带和玉米在各个生长期的图片。

（4）材料构成（见图 2-115）：

①玉米标本，玉米生长史彩带 1 条，玉米生长图片 1 套。

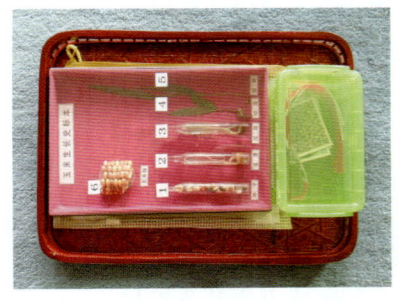

图 2-115　材料构成

②小筐，小盒子。

(5) 操作步骤：

①从托盘中将玉米生长史标本取出，观察玉米在各个生长期的形态（见图2-116）。

图 2-116 观察标本

②取出玉米生长史彩带，认读各个生长期的名称（见图2-117）。

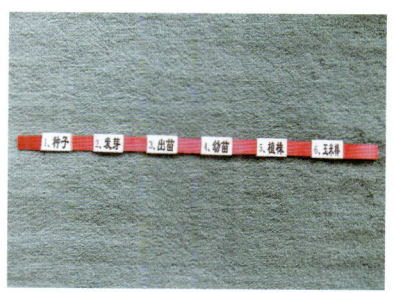

图 2-117 认读生长期的名称

③取出玉米生长图片散放，观察玉米在各个生长期的形态（见图2-118）。

图 2-118 观察玉米生长图片

④找出种子图片，对应摆放在"种子"字卡上方（见图2-119）。

图 2-119 摆放种子卡片

图 2-120　逐一对应摆放

⑤逐一取出"发芽""出苗""幼苗""植株""玉米棒"的图片，对应摆放在玉米生长史彩带中相应字卡的上方（见图 2-120）。

图 2-121　参照标本再次指读

⑥参照标本，再次指读玉米生长史彩带上的字卡和其上方的玉米生长图片（见图 2-121）。

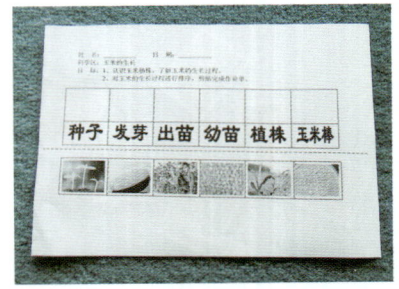

图 2-122　完成记录单

⑦完成玉米生长史记录单（见图 2-122）。

（6）适宜年龄：4—5 岁。

（7）错误控制：玉米标本上的编号与玉米生长史彩带上的编号统一。

（8）注意事项：在幼儿摆放玉米生长图片时，教师可引导幼儿认读，说出玉米在各生长阶段的名称。

（9）变化延伸：

①班级开展种植玉米活动，让幼儿观察记录玉米的生长过程，了解种子

生长的环境和条件。

②引导幼儿自己动手制作玉米标本。

（10）活动反思：

①建议班级开展种植活动后再投放这份材料，如果幼儿有相关的生活经验，更能激发他们主动学习的兴趣。这份材料对于中班的幼儿操作难度并不大，教师应鼓励幼儿独立完成，培养幼儿独立完成任务的意识。对于识字困难的幼儿，教师应适当给予帮助。

②中班幼儿手的力量与小班幼儿相比有所增强，但个别幼儿在操作中还是会出现端不稳托盘、打翻材料等现象，而玉米标本中有极易破碎的玻璃细管，建议教师提供的盛器要便于幼儿抓握，同时密切观察幼儿取放材料的情况，提醒幼儿养成轻拿轻放的良好操作习惯。

案例 2-16

（1）活动名称：鸟的嵌板。

（2）活动目标：

①萌生关爱大自然、爱护动物的情感。

②了解鸟的身体结构，知道身体各部位的名称。

③能和同伴分享与鸟类相处的经验。

（3）材料解读：

①购买彩色的鸟的嵌板，便于幼儿区分鸟的身体的各个部位。

②给各个部位配上相应的文字卡片，以便幼儿进行匹配。

（4）材料构成（见图2-123）：

①鸟的嵌板1套，文字卡片，记录单。

②托盘，小礼盒。

图 2-123　材料构成

（5）操作步骤：

①从托盘中取出鸟的嵌板，观察鸟的外形特征（见图2-124）。

图2-124　观察鸟的外形特征

②从鸟的嘴部开始，取出嵌板，摆放在地毯上（见图2-125）。

图2-125　取出鸟的嘴部

③再依次把头、腹、翅、尾、脚各部位取出来摆放整齐（见图2-126）。

图2-126　依次摆放各部位

④取出字卡散放（见图2-127）。

图2-127　取出字卡

⑤把字卡对应鸟的身体各部位摆放整齐（见图2-128）。

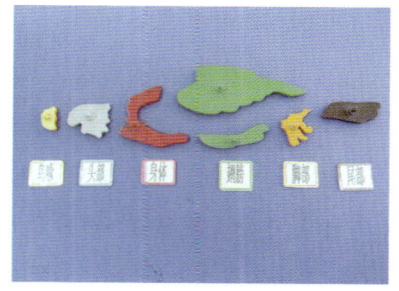

图 2-128　字卡与各部位匹配

⑥制作《鸟的小书》（见图2-129）。

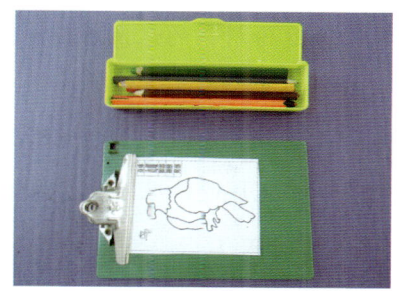

图 2-129　制作《鸟的小书》

⑦逐一把鸟的身体各部位放回嵌板（见图2-130）。

图 2-130　逐一放回嵌板

（6）适宜年龄：4—5岁。

（7）错误控制：字卡上的颜色和鸟的嵌板上各部位的颜色对应。

（8）注意事项：在幼儿摆放字卡时，教师可引导幼儿认读字卡，说出鸟的身体各部位的名称。

（9）变化延伸：可提供其他嵌板（如蝴蝶的嵌板、昆虫的嵌板），引导幼儿认识。

（10）活动反思：

①鸟是人类的好朋友，也是中班幼儿喜欢的动物之一，针对这一特点，教师设计投放了该材料，以满足幼儿对鸟的认知兴趣。

②鸟身体的各部位中，幼儿容易掌握"嘴（鸟喙）""头（头部）""脚（脚部）""尾（尾部）"的名称和特征，比较难掌握"腹（身体）"和"翅（翅膀）"，因此在图文匹配的过程中，教师应留意观察幼儿的操作，注意引导幼儿对应摆放并指读各部位的名称。

③这份材料的记录单设计成小书的形式，幼儿对绘制自己的小书非常感兴趣。每页小书中，幼儿可以重点将鸟的一个部位和名称进行涂色，但有个别粗心的幼儿会发生涂错名称的现象，因此，教师应提醒幼儿对照操作步骤检查小书完成的情况，避免出错。

案例 2-17

（1）活动名称：野兽和家畜。

（2）活动目标：

①萌发珍惜动物、爱护自然的环保意识。

②知道常见动物的生活环境，能对野兽和家畜进行分类。

③能够独立、有序地完成操作。

（3）材料解读：

图 2-131　材料构成

①选用森林图片和农场图片做分类底板，并用字卡进行区分。

②选用精美的动物模型，以激发幼儿的操作兴趣。

（4）材料构成（见图 2-131）：

①野兽、家畜的分类底板，动物模型，动物名称字卡。

②托盘，小碟子。

(5）操作步骤：

①从托盘中取出底板，观察图中的场景（见图2-132）。

图 2-132　观察底板

②指读底板上的名称，区分"野兽"和"家畜"的字样（见图2-133）。

图 2-133　指读"野兽"和"家畜"

③把动物模型取出来，观察认识（见图2-134）。

图 2-134　取出动物模型

④把动物模型按野兽、家畜分类摆放（见图2-135）。

图 2-135　把动物模型分类摆放

图 2-136　把野兽模型放进场景中

⑤把野兽模型放在森林场景中（见图 2-136）。

图 2-137　把家畜模型放进场景中

⑥把家畜模型放进场景中，完成"野兽"和"家畜"的分类摆放，并检查是否正确（见图 2-137）。

图 2-138　完成记录单

⑦根据操作情况，完成记录单（见图 2-138）。

（6）适宜年龄：4—5 岁。

（7）错误控制：动物模型底部分别粘贴有"野兽"和"家畜"的字卡。

（8）注意事项：教师提醒幼儿先根据自己的经验进行分类，最后翻看动物模型底部检查纠错。

（9）变化延伸：可以增加更多的"野兽"和"家畜"的动物模型。

（10）活动反思：

①幼儿应在认识野兽与家畜的基础上，学习对它们进行分类。有些幼儿对野兽和家畜的概念仍比较模糊，操作这份材料时会有困难。因此，在幼儿自由选择这份材料的时候，教师应当充分把握幼儿的发展水平，明确幼儿是否已具备了对野兽和家畜的基本认识，并能够进行类比、迁移，从而让幼儿更系统地进行学习。

②可创设更多的动物小乐园场景，投入各种不同的仿真小动物以及它们的食物，让幼儿在场景中了解动物的生长环境、生活习性等，培养幼儿对动物知识的兴趣。

案例 2-18

（1）活动名称：动物过冬。

（2）活动目标：

①愿意探索动物的生活，萌发关爱动物的情感。

②了解动物过冬的方式，知道它们的生活习性与季节变化的关系。

③能够按照动物的几种过冬方式对它们进行分类。

（3）材料解读：

①选用废旧的硬纸皮制作动物分类底板，采用3种颜色的边框将直接过冬、冬眠、南北迁徙的动物区分开。

②底板上用过胶纸做成插口，动物卡片过胶后，可以直接插到里面。

③选用幼儿生活中常见的动物，便于幼儿分辨。

（4）材料构成（见图2-139）：

①直接过冬、冬眠、南北迁徙的动物底板三，动物卡片若干。

②托盘，小纸盒。

图 2-139 材料构成

图 2-140　取出动物底板

（5）操作步骤：

①取出动物底板，观察、了解动物的3种过冬方式（见图2-140）。

图 2-141　观察动物

②取出动物进行观察，说说它们是怎样过冬的（见图2-141）。

图 2-142　冬眠的动物

③将冬眠的动物卡片挑选出来，对应插到"冬眠的动物"底板上（见图2-142）。

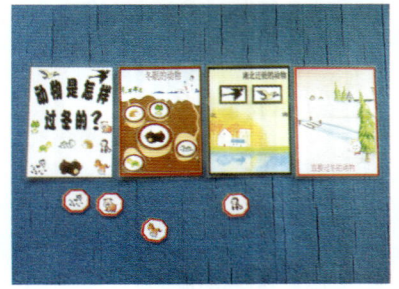

图 2-143　南北迁徙的动物

④将南北迁徙的动物卡片对应插到"南北迁徙的动物"底板上（见图2-143）。

⑤用同样的方法挑选"直接过冬的动物"并完成操作（见图2-144）。

图2-144　直接过冬的动物

⑥根据边框颜色检查操作结果，看看哪些是冬眠的动物，哪些是南北迁徙的动物，哪些是直接过冬的动物（见图2-145）。

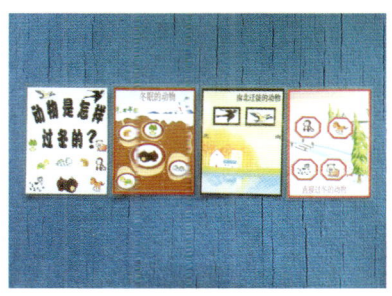

图2-145　检查并修正错误

⑦参照操作结果，完成记录单（见图2-146）。

图2-146　完成记录单

（6）适宜年龄：4—5岁。

（7）错误控制：底板边框的颜色与对应的动物卡片边框的颜色相一致。

（8）注意事项：教师要提醒幼儿将动物卡片轻轻插于底板中，以免撕烂。

（9）变化延伸：

①可适量增加采用不同过冬方式的动物的数量。

②引导幼儿进一步探索动物在冬天里的活动。

（10）活动反思：

①中班幼儿对动物的生活方式非常感兴趣。深圳地处南方，冬天的天气温暖舒适，在各大公园都能见到从北方飞来过冬的鸟儿，所以，幼儿对南北迁徙的动物有初步的了解。但由于南方城市冬季的季节特征不明显，幼儿对冬眠的理解比较抽象，教师可结合主题活动或学科活动的开展，让幼儿了解动物过冬的不同方式。

②教师可引导幼儿识读底板上的文字——"冬眠的动物""南北迁徙的动物""直接过冬的动物"，帮助幼儿顺利完成操作。

案例 2-19

（1）活动名称：青蛙的一生。

（2）活动目标：

①懂得青蛙是对人类有益的动物，萌发爱护青蛙的情感。

②了解青蛙的外形特征，知道青蛙生长所经历的几个阶段。

③能用完整而有逻辑的语言详细描述青蛙的生长过程。

（3）材料解读：

①制作 1 个池塘的实景盘，在面板上压出青蛙各个生长期的模型。

②设计 1 本《青蛙的一生》小书，按照生长顺序进行装订。

（4）材料构成（见图 2-147）：

①《青蛙的一生》小书，池塘实景盘，青蛙在不同生长期的模型 1 套，配有文字 1—4 的数卡。

②托盘，小盒子。

图 2-147　材料构成

（5）操作步骤：

①翻看《青蛙的一生》小书，了解青蛙的生长过程（见图2-148）。

图2-148 翻看小书

②取出青蛙的模型，观察青蛙在各个生长期的外形特征（见图2-149）。

图2-149 观察外形特征

③翻到小书第一页，取出卵，并配上相应的数卡（见图2-150）。

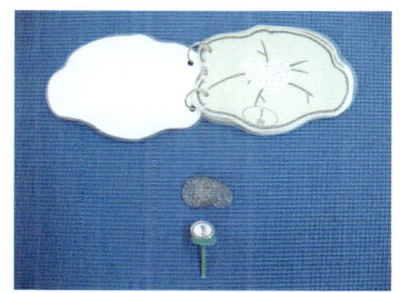

图2-150 卵是第一个生长期

④依此方法，认识青蛙的其他生长期，并匹配对应的数卡（见图2-151）。

图2-151 模型与数卡配对

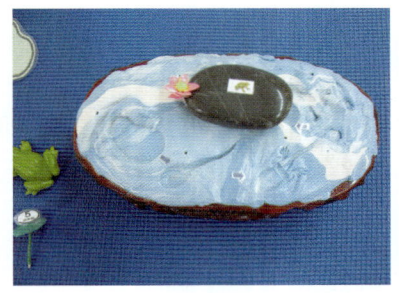

图 2-152　取出并观察池塘实景盘

⑤取出并观察青蛙生活的池塘实景盘（见图 2-152）。

图 2-153　摆放到池塘中

⑥根据箭头的提示，将青蛙不同生长期的模型分别摆放到池塘中（见图 2-153）。

图 2-154　青蛙的一生

⑦将数卡按照青蛙的生长顺序，依次插到池塘中（见图 2-154）。

（6）适宜年龄：4—5 岁。

（7）错误控制：池塘实景盘上的模型与青蛙各生长期的模型大小相一致。

（8）注意事项：教师提醒幼儿按照箭头指示的方向进行操作。

（9）变化延伸：

①创编故事《小青蛙长大啦》。

②引导幼儿了解蝴蝶等动物的生长繁殖过程。

（10）活动反思：

①中班幼儿的理解能力和记忆能力都增强了，通过前面几个步骤的操作，幼儿已经在小书的指引下掌握了青蛙生长各个时期的外形特征。在最后一步的操作中，对于能力较强的幼儿，教师应鼓励其脱离小书的帮助，完成实景盘的操作，同时准确标记出名称和顺序，培养幼儿独立完成任务的学习习惯。

②教师可引导幼儿将这份材料中获得的经验迁移到美术活动中，并投放相应的美工材料，鼓励幼儿自己创作《青蛙的一生》泥塑或绘画等作品，帮助幼儿进一步加深对青蛙生长过程的认识。

案例2-20

（1）活动名称：指纹档案。

（2）活动目标：

①感受人体指纹的神奇，愿意探索身体的奥秘。

②了解人体指纹的特点，知道每个人的指纹是不相同的。

③能够区分自己指纹的细微特征。

（3）材料解读：

①指纹档案小书中包含了常见的斗纹和箕纹图案。

②提供一个放大镜，便于幼儿观察自己和同伴的指纹。

（4）材料构成（见图2-155）：

①《指纹档案》小书，放大镜，印油，文件夹，记录单。

②托盘，小篮子。

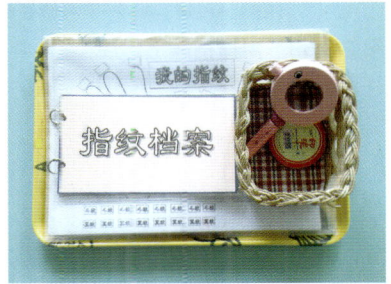

图2-155 材料构成

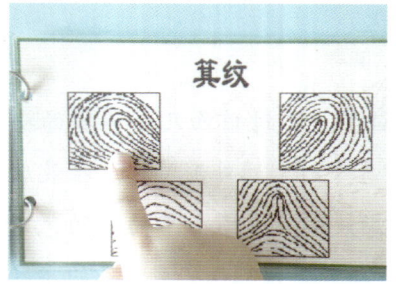

图 2-156　翻看《指纹档案》小书

（5）操作步骤：

①翻看《指纹档案》小书，了解各种斗纹和箕纹的图案（见图 2-156）。

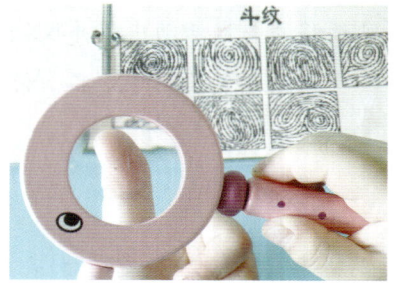

图 2-157　观察自己的指纹

②用放大镜观察自己的指纹，并对照《指纹档案》小书，区分自己的指纹（见图 2-157）。

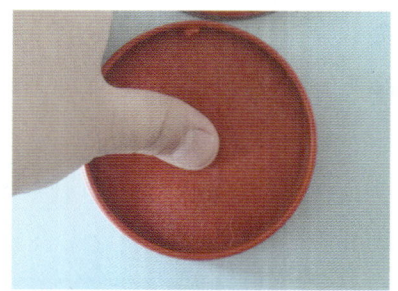

图 2-158　用拇指蘸上印油

③打开印油盖子，用拇指轻轻蘸上印油（见图 2-158）。

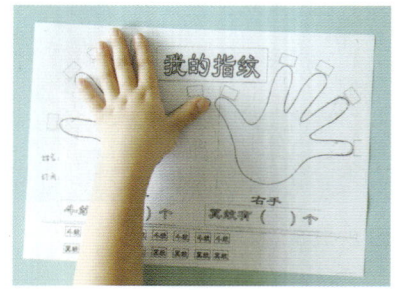

图 2-159　印在记录单上

④取出记录单，将蘸有印油的拇指轻轻印在记录单的相应位置（见图 2-159）。

⑤依次将所有的手指纹印在记录单上（见图2-160）。

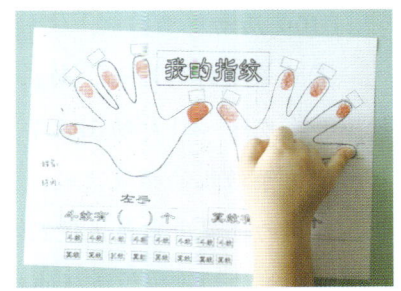

图2-160　10个指纹都印上

⑥辨别自己的指纹类型，分别将"斗纹"和"箕纹"的字卡剪贴到手指顶端（见图2-161）。

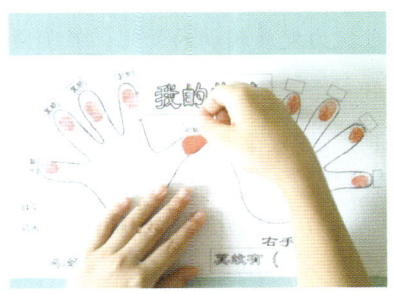

图2-161　剪贴字卡

⑦统计两只手手指的斗纹和箕纹数量，完成记录单（见图2-162）。

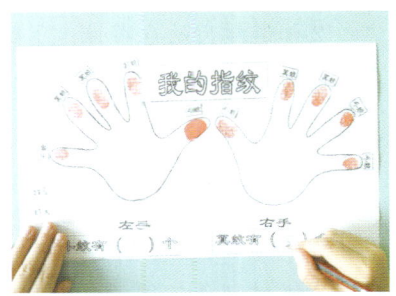

图2-162　统计指纹的数量

（5）适宜年龄：4—5岁。

（7）错误控制：《指纹档案》小书上的图案提示。

（8）注意事项：印指纹时，要逐一将手指纹对应印到每个手指的顶端。

（9）变化延伸：

①了解指纹在生活中的用处，如破案、指纹打卡等。

②观察家人和同伴的指纹。

（10）活动反思：

①随着年龄的增长，幼儿对身体的细微特征也开始产生兴趣，如指纹、指甲、毛发……针对幼儿的学习兴趣，教师设计了"指纹档案"这一操作材料。但由于幼儿的指纹比较浅，加上同一类指纹具有多样化的特征，使得幼儿在辨识的过程中容易出现混淆、分辨不清等现象，因此，教师应注意观察，对操作困难的幼儿给予适当的指导，帮助他们准确区分自己的指纹。

②这份材料的操作步骤较多，而且需要用到印油，对于一些操作欠缺有序性或能力发展较弱的幼儿，教师要注意提醒他们在操作中合理使用小抹布，每印好一个指纹，可将印油擦干净，再进行下一步的操作，以保持记录单的干净整洁。

案例 2-21

（1）活动名称：爱护牙齿。

（2）活动目标：

①懂得牙齿的重要性，养成爱护牙齿的良好习惯。

②知道龋齿的危害性，了解预防龋齿的基本方法。

③会使用牙刷，能用正确的方法刷牙。

（3）材料解读：

①选择仿真牙齿模型和儿童牙刷，提供1张正确刷牙步骤图，引导幼儿学习刷牙。

②提供颜色不同的2颗牙齿玩具，有开心图标的表示健康牙齿，有不开心图标的表示龋齿。

③设计2套立体图卡：爱护牙齿的行为和损害牙齿的行为。

（4）材料构成（见图2-163）：

①正确刷牙步骤图，仿真牙齿模型，儿童牙刷，爱护牙齿的行为和损害牙齿的行为的图卡各1套。

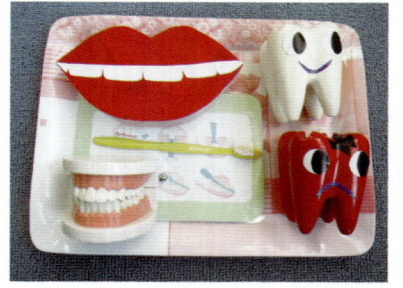

图 2-163　材料构成

②托盘，嘴型盒子。

（5）操作步骤：

①从托盘中取出健康牙齿和龋齿，观察它们有什么不同（见图2-164）。

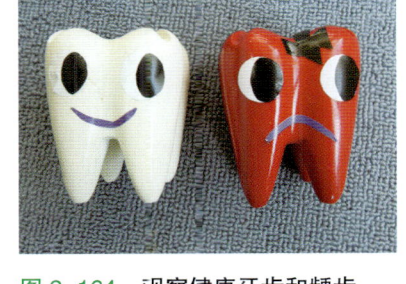

图2-164　观察健康牙齿和龋齿

②观察立体的图卡，了解哪些是爱护牙齿的行为，哪些是损害牙齿的行为（见图2-165）。

图2-165　观察立体图卡

③将爱护牙齿的行为图卡摆放在健康牙齿下方，将损害牙齿行为的图卡摆放在龋齿下方（见图2-166）。

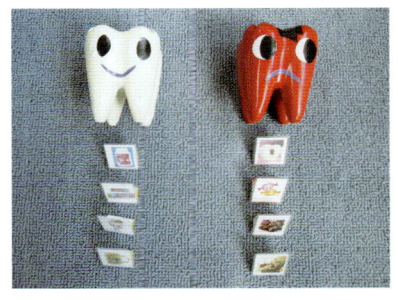

图2-166　对应摆放图卡

④取出正确刷牙步骤图，了解正确的刷牙步骤（见图2-167）。

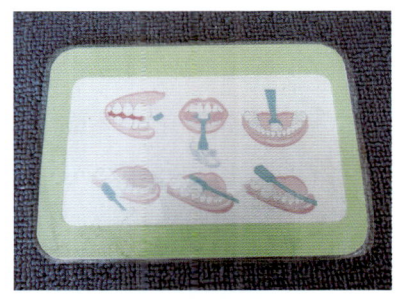

图2-167　观察正确刷牙步骤图

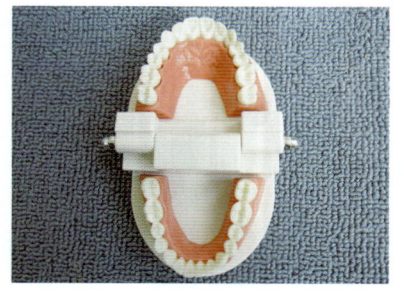

⑤取出仿真牙齿模型，观察牙齿的形状和结构（见图2-168）。

图2-168　观察仿真牙齿模型

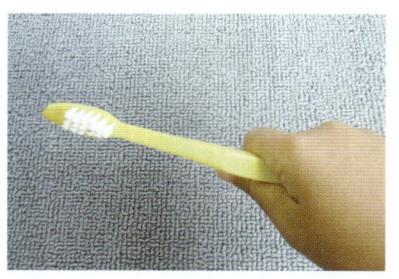

⑥取出儿童牙刷，练习正确的抓握方法（见图2-169）。

图2-169　我会使用牙刷

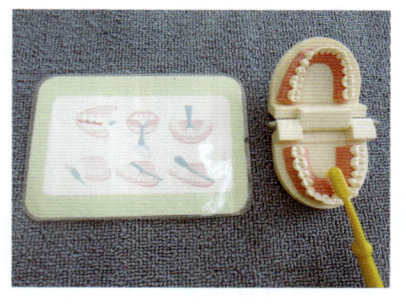

⑦按照正确刷牙步骤图的提示，用儿童牙刷在仿真牙齿模型上练习正确刷牙（见图2-170）。

图2-170　学习正确的刷牙方法

（6）适宜年龄：4—5岁。

（7）错误控制：立体图卡上标有颜色提示，分别和两种牙齿的颜色相一致。

（8）注意事项：教师要提醒幼儿根据正确刷牙步骤图的提示，在仿真牙齿模型上有序地操作。

（9）变化延伸：引导幼儿学习认识牙齿种类、保护口腔等知识。

(10) 活动反思：

①由于爱吃甜食、不坚持早晚刷牙或者不注意口腔卫生等不良习惯，越来越多的幼儿出现龋齿问题。爱护牙齿是幼儿园健康教育的重要内容之一，此操作活动的设计充分考虑了中班幼儿的年龄特点和发展水平，通过幼儿喜欢的儿歌、牙齿模型和玩具，抓住幼儿的兴趣点和注意力，让幼儿充分认识到牙齿的重要性，从而学会保护牙齿，养成早晚刷牙的好习惯。

②为了增强活动的趣味性，建议在操作这份材料前，教师引导幼儿先学会《刷牙歌》，边操作边朗诵儿歌，可以帮助幼儿掌握正确的刷牙方法，增强牙齿保健意识。

附儿歌：

刷 牙 歌

小牙刷，手中拿，张开我的小嘴巴。

上面牙齿往下刷，下面牙齿往上刷，

左刷刷、右刷刷，里里外外都刷刷。

早晨刷、晚上刷，刷得干净没蛀牙。

刷完牙齿笑哈哈，露出牙齿白花花。

案例 2-22

（1）活动名称：食物的旅行。

（2）活动目标：

①懂得人体脏器的重要性，增强自我保护意识。

②认识消化器官的名称和功能，了解食物在人体内消化吸收的过程。

③能用完整有序的语言表述食物旅行的全过程。

（3）材料解读：

①选择清晰的、较为写实的人体消化器官图片，配上名称字卡。

②用较厚的卡纸做衬底，并过胶，便于幼儿反复操作。

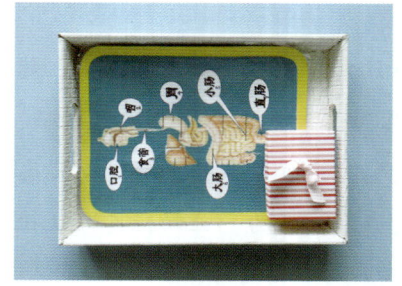

（4）材料构成（见图 2-171）：

①食物的旅行操作底板 1 张，字卡 1 套。

②托盘，小盒子。

图 2-171　材料构成

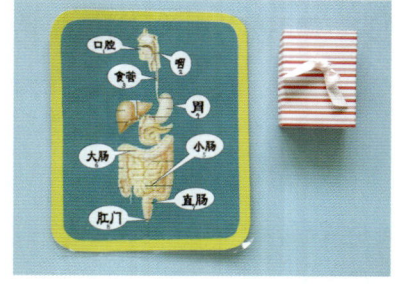

（5）操作步骤：

①取出食物的旅行操作底板，观察人体消化器官（见图 2-172）。

图 2-172　观察人体消化器官

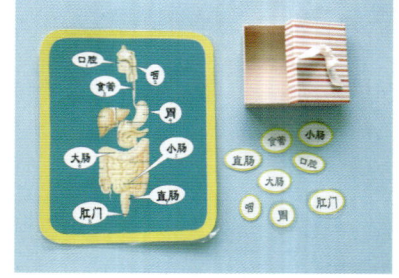

②从盘中取出字卡，认读各个器官的名称（见图 2-173）。

图 2-173　认读各器官的字卡

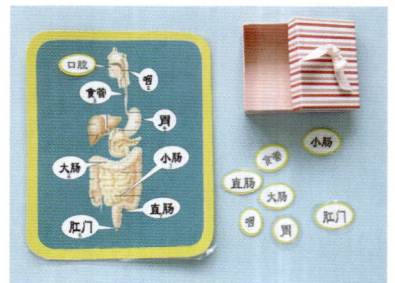

③拿起一张字卡，如口腔，将它对应摆放在操作底板上（见图 2-174）。

图 2-174　这是口腔

④按照食物旅行的起点至终点，依次将字卡摆放在图片对应的位置上（见图2-175）。

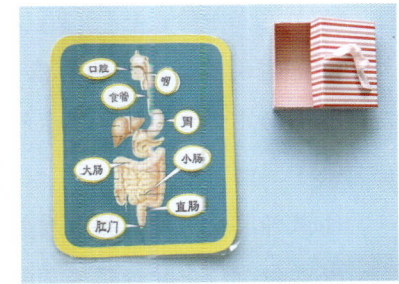

图2-175　依次对应摆放字卡

⑤对应人体器官图，认读各器官的名称（见图2-176）。

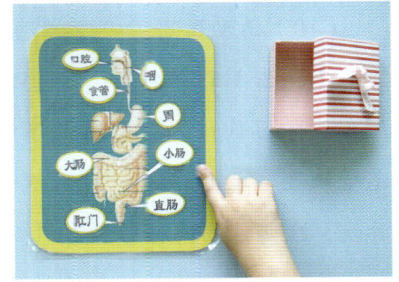

图2-176　认读各器官的名称

⑥翻看卡片后的数字，检查对错（见图2-177）。

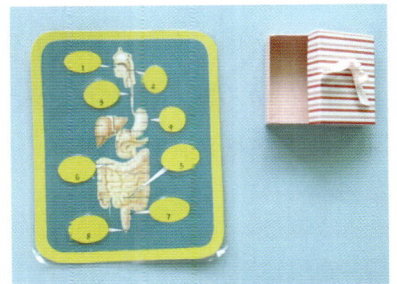

图2-177　检查对错

⑦对照操作结果，说一说食物旅行的全过程（见图2-178）。

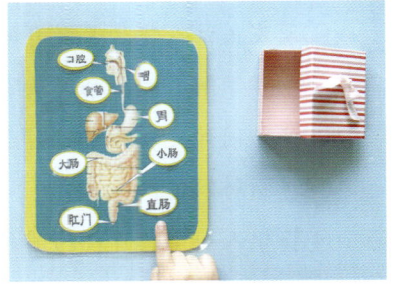

图2-178　说说食物旅行的全过程

（6）适宜年龄：4—5岁。

（7）错误控制：食物的旅行操作底板上标有各器官名称的文字和数字提示，且和幼儿需要操作的字卡相一致。

（8）注意事项：

①教师要提醒幼儿按照食物消化吸收的过程有序操作。

②这份材料中的专用名词较多，教师可与幼儿一起认读。

（9）变化延伸：可认识人体的其他部位，如骨骼、关节等。

（10）活动反思：

①这份材料的操作，需要幼儿对人体器官有一定的认识，在此基础上幼儿才能学习认读器官名称并了解食物消化过程。如果幼儿对人体器官的概念完全陌生，操作这份材料时就会有困难。因此，在幼儿自由选择这份材料的时候，教师应当充分了解幼儿的发展水平，明确幼儿是否对人体构造有兴趣，或已具有相关经验，从而让幼儿对人体器官的认识更科学、系统。

②教师可寻找立体剖面构造的人体模型或可供幼儿组装的人体模型，让幼儿在更立体、真实的场景中学习人体知识。

③在幼儿熟悉操作和能认读字卡的基础上，建议教师将人体消化器官底板上的文字框更换成空白框，以增加材料的操作难度。

案例2-23

（1）活动名称：人的一生。

（2）材料目标：

①萌发关注人体生长发育的意识。

②初步了解人的各个发展阶段及每个阶段的明显特征。

③能与同伴交流并讲述自己的成长过程。

（3）材料解读：

①提供人一生各阶段的图片，以便幼儿区分各阶段的特征及变化。

②给人一生的各阶段配上相应的字卡，以巩固幼儿的认识。

(4)材料构成(见图2-179):
①人一生各阶段的图片,字片,记录单。
②托盘,盒子。

图2-179 材料构成

(5)操作步骤:
①从托盘中取出图片,观察人一生各个阶段的特征(见图2-180)。

图2-180 取出图片观察

②将图片按照人的生长发育顺序摆放整齐(见图2-181)。

图2-181 按顺序摆放整齐

③取出字卡,指读人一生各阶段的名称(见图2-182)。

图2-182 取出字卡

图 2-183　图片和字卡配对

④把字卡对应摆放在人一生各阶段的图片前方（见图 2-183）。

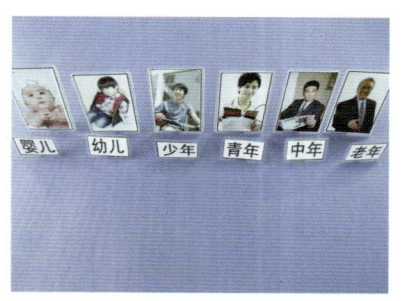

图 2-184　完整匹配图片和字卡

⑤依次对应摆放好全部图片和字卡（见图 2-184）。

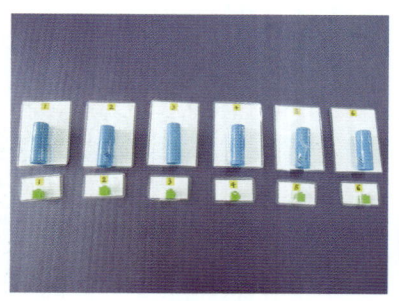

图 2-185　检查对错

⑥将图片和字卡翻过来，对照数字进行检查（见图 2-185）。

图 2-186　完成记录单

⑦把图片剪下，粘贴在记录单上字卡下方的框内，完成记录单（见图 2-186）。

（6）适宜年龄：4—5岁。

（7）错误控制：字卡背面的数字提示与图片背面的数字一致。

（8）注意事项：在幼儿自我检查时，教师可提醒幼儿，既要检查配对，也要检查排序是否正确。

（9）变化延伸：班级开展相关主题活动，鼓励幼儿制作自己的生命线，布置成长墙展览。

（10）活动反思：

①幼儿在生活中已经具有了初步的"宝宝""大人""老人"等相关的知识经验，这份材料的设计可以帮助幼儿明确人生各阶段的准确名称和明显特征。值得注意的是，材料中的婴儿、幼儿、中年和老年都有较为明显的特征，幼儿能准确区分出来，但对于"少年"和"青年"，由于这两个时期的特征区别不大，幼儿在排序时容易出现错误，因此教师要提醒幼儿细心观察，正确排序。

②在班级开展的"我的生命线"展示活动中，家长协助幼儿用彩色丝带将自己成长各阶段的照片串起来。幼儿通过观察自己和同伴的成长过程，对人的生长发育有了更深的认识和理解，从而激发了探究人体奥秘的兴趣。

案例2-24

（1）活动名称：蜡烛熄灭了。

（2）活动目标：

①尝试用火的实验，勇于挑战有难度的操作。

②了解蜡烛熄灭的原因，感受熄灭时间的长短与容器大小的关系。

③在有序的实验操作中，锻炼分析比较能力和动手能力。

（3）材料解读：

①选用2个大小不同的透明玻璃杯，便于幼儿观察熄灭现象。

②采用控制变量法，提供的蜡烛和沙漏的长短、粗细要一样，只改变玻璃杯的大小。

图 2-187　材料构成

③将生日蜡烛提前固定在底座上,便于幼儿操作。

(4)材料构成(见图 2-187):

①红色、黄色蜡烛各 1 根,红色、黄色沙漏各 1 个,打火机,大小玻璃杯各 1 个。

②托盘,小竹筐。

图 2-188　用沙漏感知时间

(5)操作步骤:

①从托盘中取出沙漏,观察并感知时间的流逝,并将沙全部漏至底部(见图 2-188)。

图 2-189　取出实验物品

②依次取出所有的实验物品(见图 2-189)。

图 2-190　点燃红色蜡烛

③用打火机点燃红色蜡烛,观察蜡烛燃烧的现象(见图 2-190)。

④将小玻璃杯倒扣在蜡烛上，同时翻转红色沙漏，观察红色蜡烛熄灭的时间以及沙漏的变化（见图 2-191）。

图 2-191　倒扣小玻璃杯灭火

⑤点燃黄色蜡烛（见图 2-192）。

图 2-192　点燃黄色蜡烛

⑥用大玻璃杯灭火，同时翻转黄色沙漏，观察黄色蜡烛熄灭的时间以及沙漏的变化（见图 2-193）。

图 2-193　用大玻璃杯灭火

⑦同时点燃红色蜡烛和黄色蜡烛，并翻转沙漏，用大小玻璃杯做对比实验（见图 2-194）。

图 2-194　对比实验

（6）适宜年龄：4—5岁。

（7）错误控制：同组实验的蜡烛和沙漏的颜色相一致。

（8）注意事项：教师要引导幼儿正确使用打火机，或帮助幼儿点燃蜡烛。

（9）变化延伸：

①尝试用更多的方法让蜡烛熄灭，如使用气体、液体、沙子等。

②用计时器记录蜡烛熄灭的时间。

（10）活动反思：

①火的实验对于中班幼儿具有一定的挑战性，个别胆小的幼儿会因为害怕而不敢尝试，加上火的实验有一定的危险性，因此此份材料的操作需要教师一对一地指导，引导幼儿规范有序地操作，在探索中提升关键经验。

②为确保实验安全，此实验不建议在易燃的地毯或桌子上操作。此外，教师应选燃烧火焰较小的生日蜡烛，并自制一个安全性高、便于操作的蜡烛底座，以防止幼儿被滴落的蜡烛溶液烫伤。

案例 2-25

（1）活动名称：灯泡发亮。

（2）活动目标：

①探索灯泡发亮的秘密，体验科学实验的乐趣。

②尝试探索物体的导电过程，了解粗浅的导电实验原理。

③能大胆表述自己探索的过程和结果。

图 2-195　材料构成

（3）材料解读：

①提供1套简单的电路拼装实验元件，供幼儿实验操作。

②制作1份导电线路图，引导幼儿进行导电实验。

（4）材料构成（见图2-195）：

①电路拼装元件，1个安装大底板，1份

导电线路图。

②方篮，盒子。

（5）操作步骤：

①从托盘中取出所有材料放在地毯上，观察并分类（见图2-196）。

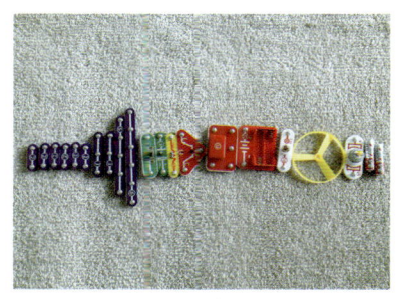

图 2-196　将材料分类

②取出导电线路图，观察连接、组装的方法（见图2-197）。

图 2-197　观察导电线路图

③取出安装底板放在地毯上（见图2-198）。

图 2-198　取出安装底板

④按照导电线路图的指引，取出第一根导线安装在底板上（见图2-199）。

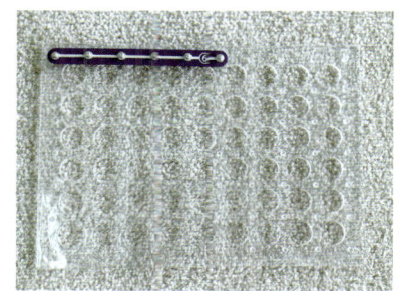

图 2-199　安装第一根导线

图 2-200　完成电路元件的组装

⑤参照导电线路图,完成所有的电路元件组装(见图 2-200)。

图 2-201　装上电机和风扇

⑥安装电机和风扇,打开开关,观察电路是否连通(见图 2-201)。

图 2-202　灯泡发光了

⑦最后把电扇换成灯泡,观察灯泡的发光情况(见图 2-202)。

(6)适宜年龄:4—5 岁。

(7)错误控制:每个电路元件上都有帮助幼儿连接的数字。

(8)注意事项:教师要提醒幼儿注意安全操作,防止被风扇打伤。

(9)变化延伸:

①增加导线或更换灯泡、风扇,进行比较复杂的导电小实验。

②投放"电路连接"记录单。

（10）活动反思：

①"灯泡发亮"的材料投放，要基于幼儿之前有安装电池的经验，对导电活动有所认知。建议在此活动之前，先让幼儿操作一次简单的电珠通电实验。

②由于此份材料的操作比较复杂，对于中班幼儿来说有一定的难度，所以提供的电路元件数量要适宜，以免幼儿望而生畏，不敢尝试。

③此外，电路连接要用到类似暗扣的连接方法，一些手指力量较弱的幼儿连接时会比较困难。教师可以引导他们到生活区先进行与暗扣相关的练习，待幼儿熟练掌握了连接方法后，再进行此份材料的操作。

案例 2-26

（1）活动名称：水的浮力。

（2）活动目标：

①感受浮力现象的神奇，积极参与实验。

②探索物体在水中受到的浮力作用。

③会使用测力计观察记录实验结果。

（3）材料解读：

①提供 1 个简易的测力计和 1 块鹅卵石，便于幼儿感知水的浮力。

②实验用的杯子是透明的，便于幼儿观察实验现象。

（4）材料构成（见图 2-203）：

①测力计，水杯，鹅卵石，抹布，记录单。

②托盘，小礼盒。

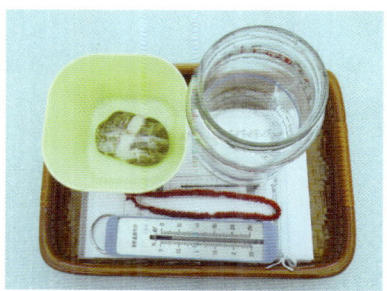

图 2-203　材料构成

（5）操作步骤：

①取出测力计，观察它由哪些东西组成（见图2-204）。

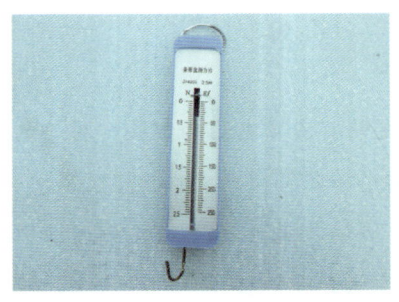

图 2-204　观察测力计

②用一只手拿住测力计，另一只手轻轻拉钩子，感知力越大刻度读数越大（见图2-205）。

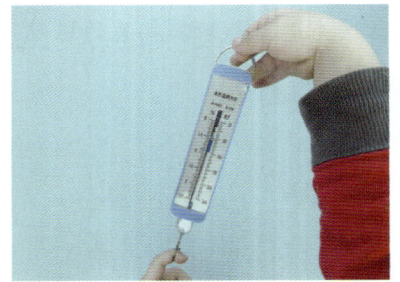

图 2-205　拉一拉钩子

③用杯子装水至红色的刻度线处。然后取出石头和铁线（见图2-206）。

图 2-206　取出石头和铁线

④用铁线的一端绑住石头，把另一端弯成一个钩子（见图2-207）。

图 2-207　用铁线绑住石头

⑤将石头挂到测力计上，称一称石头的重量（见图2-208）。

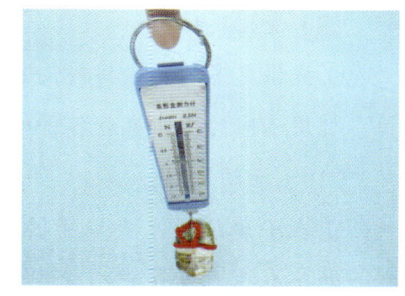

图2-208　称一称石头的重量

⑥轻轻将石头沉入水中蓝线的位置，观察测力计上刻度的变化（见图2-209）。

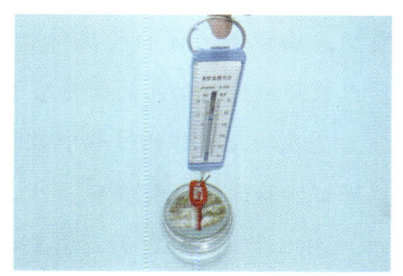

图2-209　将石头沉入水中

⑦记录下两次测力计的刻度（见图2-210）。

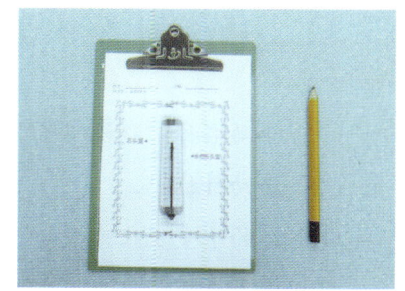

图2-210　完成记录单

（6）适宜年龄：4—5岁。

（7）错误控制：分别用红色的刻度线控制水量，用蓝色的刻度线表示石头沉入水中的位置。

（8）注意事项：教师要提醒幼儿按刻度装水，操作结束后擦干所有物品的水分。

（9）变化延伸：

①提供更多的实验材料，如铁制品、木块，做对比实验。

②用不同的器皿盛放各种材料，观察浮力的大小。

（10）活动反思：

①在小班阶段，我们提供了"沉浮游戏""会游泳的蛋"等小实验的材料，幼儿在探索发现中感受到了浮力的存在，观察到各种沉浮现象；到了中班阶段，我们尝试设计这份材料，帮助幼儿感知浮力是可以使用工具进行测量的。由于测力计的使用对于中班幼儿有一定的难度，尤其是刻度的认读，所以教师应针对幼儿的需要给予具体指导，帮助幼儿准确识别。

②在幼儿操作的过程中教师还应提醒幼儿，测量时不要将石头沉入水底，以保证实验的严谨和准确。

③此外，这份材料还需要幼儿具有绑铁线的技能，如果在实验中出现石头松脱等情况，可能会导致幼儿的情绪和自信心受影响，教师应了解选择这份材料的幼儿的能力发展情况，给予适时的帮助和指导。

案例 2-27

（1）活动名称：纸桥实验。

（2）活动目标：

①对纸的承重现象感兴趣。

②探索纸桥的承重力与桥墩的位置及桥面形状的关系。

③能用简单的方法记录实验的结果。

（3）材料解读：

①提供相同的积木用作搭建桥墩，彩色积塑用于测量桥面的承重情况。

②提供有一定硬度的纸张用于做平面桥和拱桥。

（4）材料构成（见图 2-211）：

图 2-211　材料构成

①卡纸，2个积木，彩色积塑若干，双面胶，记录单。

②大托盘，小礼盒。

（5）操作步骤：

①用卡纸作桥面，用积木作桥墩，对准卡纸两端的红色标记搭好平面桥（见图2-212）。

图2-212　搭建平面桥

②在桥面放上一块彩色积塑，并不断增加积塑的数量，观察平面桥的承重能力（见图2-213）。

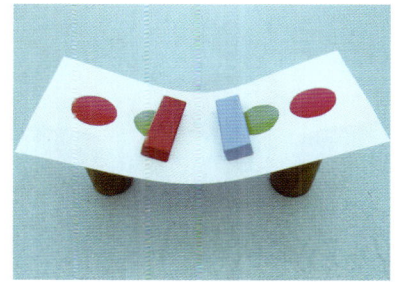

图2-213　最多放2块积塑

③将两个桥墩靠近，摆放在卡纸的绿色标记处（见图2-214）。

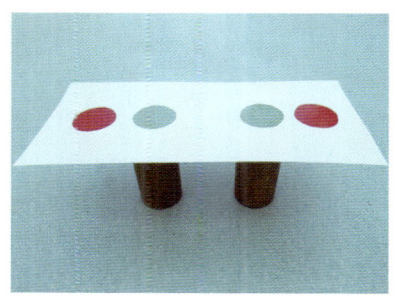

图2-214　将桥墩靠近

④用同样的方法做实验，观察改变桥墩位置后的承重情况（见图2-215）。

图2-215　可以放4块积塑

图 2-216　制作拱桥

⑤将桥面折成拱形，用双面胶粘贴在桥墩上（见图 2-216）。

图 2-217　拱桥的承受力变大

⑥继续实验，观察到拱桥的承受力变大了（见图 2-217）。

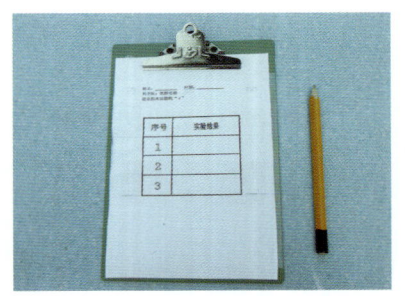

图 2-218　完成记录单

⑦在记录单上记录 3 次实验的结果（见图 2-218）。

（6）适宜年龄：4—5 岁。

（7）错误控制：桥面上用红色和绿色标记固定两次桥墩摆放的位置。

（8）注意事项：教师要提醒幼儿在桥面的中间位置添加积塑。

（9）变化延伸：

①增加桥墩的数量，感知承重力与桥墩数量的关系。

②改变纸的形状，探索纸的承重力变化情况。

（10）活动反思：

①这份材料的操作需要幼儿对平面桥和拱桥有一定的认知经验。在活动前，教师应了解幼儿的经验储备情况，建议家长配合，引导幼儿观察身边各种各样的桥，在班上布置展览各种桥的造型图片，以丰富幼儿的经验。

②操作活动的记录是实验中的一个重要环节。每个幼儿的学习习惯和节奏不一样：有的幼儿喜欢操作一次就记录一次；有的幼儿则喜欢在操作结束后再记录。教师应尊重幼儿的学习习惯，但要提醒幼儿，桥面倒塌前一次的数量即为最大的承重量，也就是实验的结果。

案例 2-28

（1）活动名称：笼中的小鸟。

（2）活动目标：

①体验静止画面变成动态画面的神奇和有趣。

②尝试用电动装置、手工制作等方式认知视觉暂留现象。

③能有序地完成实验活动，养成有计划性的做事习惯。

（3）材料解读：

①提供 1 个电动装置的旋转台和 1 个手动旋转台，幼儿可以用开关操作或手动进行操作。

②制作 2 张过胶卡，卡片的正面是鸟笼，反面是飞翔的小鸟。

（4）材料构成（见图 2-219）：

①电动旋转台，手动旋转台，鸟笼卡片 2 张，记录单，吸管。

②小托盘，小盒子。

图 2-219　材料构成

图 2-220　取出 2 张鸟笼卡片

（5）操作步骤：

①取出正面是鸟笼、反面是小鸟的 2 张卡片（见图 2-220）。

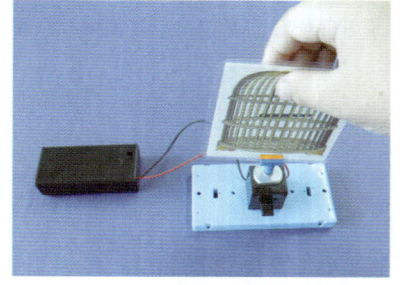

图 2-221　插在电动旋转台上

②取 1 张卡片插在电动旋转台上（见图 2-221）。

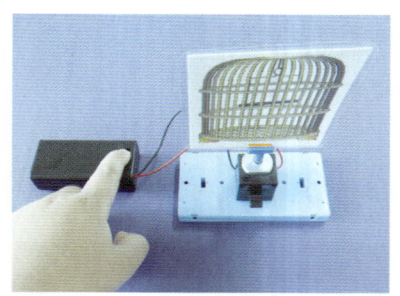

图 2-222　开启电动开关

③打开电动旋转台的开关（见图 2-222）。

图 2-223　小鸟在笼中"飞舞"

④观察卡片的转动，正反两面的图案经过快速转动，看上去好像小鸟在笼中"飞舞"（见图 2-223）。

⑤将另一张卡片插在手动旋转台上（图2-224）。

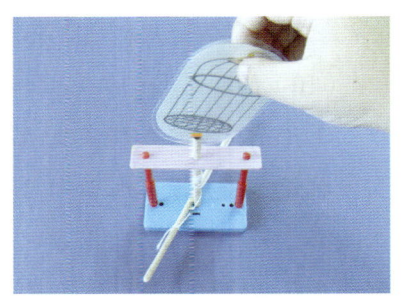

图2-224 插在手动旋转台上

⑥用手捏住小棍，前后快速拉动，观察、发现有趣的画面暂留现象（见图2-225）。

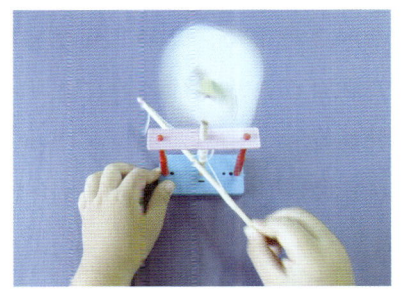

图2-225 前后快速拉动

⑦取出制作卡片，分别剪下笼子和小鸟，背面相对粘贴在吸管上（见图2-226）。

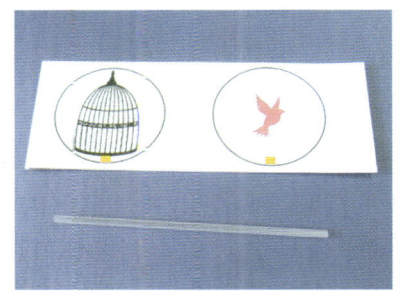

图2-226 制作笼中的小鸟

（6）适宜年龄：4—5岁。

（7）错误控制：鸟笼卡片正反两面的底部粘贴有与接口连接的标记。

（8）注意事项：打开电动装置时，教师要提醒幼儿保持观察的距离。

（9）变化延伸：

①可以提供一把两面有图案的扇子，当扇子快速转动时，观察会发生什么现象。

②快速翻阅有规律的小书，发现动态效果。

（10）活动反思：

①凡是与幼儿的现实生活有关的事物都比较容易引起幼儿的兴趣，这个实验就是根据孩子在生活中见过老人遛鸟的情景而设计的，它抓住了幼儿的兴趣点，引导幼儿自行探索、主动学习。因为活动内容本身具有趣味性，所以幼儿在探索时充满了新鲜感，情绪得到了满足，快乐也由此而生。

②这份材料从操作到记录单一共设计了3种不同的实验方式，即1种电动和2种手动，让幼儿通过实验、操作、探索发现画面动静变化的规律。幼儿在自己熟练操作之后，还可以与同伴一起做对比实验，3个幼儿同时操作3种转动方法，然后观察呈现出来的不同效果。这样有助于培养幼儿的比较分析能力，使他们体验与同伴合作探索的乐趣。

第三节　大班科学区

深圳市莲花二村幼儿园开展中国化、本土化区域探索17年，积累了大量幼儿园教师自己设计、制作的材料。因此，在选取大班科学区材料时，我们从深圳市莲花二村幼儿园的材料资源库中选取有代表性的优秀案例，为读者呈现一所中国幼儿园如何在大班科学区提供丰富而适宜的材料，让大班幼儿通过探索材料使学习品质、核心经验得到较大的提升，为幼小衔接做好充足的准备。

一、大班科学区设计思路

基于大班幼儿的主动性、专注力、克服困难、任务意识等学习品质已初步形成，教师在设计活动、投放大班科学区材料时，应尊重大班幼儿抽象逻辑思维发展的需求，尝试自我解决问题的愿望强烈的特点，为他们设计一个以问题为导向、以动手操作为核心、材料内容覆盖面更广的科学活动区域，满足他们日益增长的好奇心，保护他们对未知世界不断探索的欲望。同时根据大班幼儿即将走出幼儿园并进入小学这一特点，在设计科学区材料时，教师也应增加与幼小衔接相关的材料，如"保护视力""人体骨骼"等，让幼儿通过材料了解人体保护知识，为他们进入小学后保持正确的用眼姿势、坐立姿势做好准备。大班科学区材料设计与投放，能够很好地解决大班阶段幼儿在科学学习中需要突破的相关难题，全面地帮助幼儿实现在此阶段所需要的成长。

二、大班科学区活动导航

大班阶段是幼儿从在幼儿园学习向学校阶段转折的关键时期。通过大班科学区导航图（见图 2-227）不难看出，随着幼儿抽象逻辑思维的发展，大班的科学区材料相比小班和中班科学区的材料，在内容的深度和广度上都有了较大提高，我们希望幼儿探索内容更为丰富的材料，开阔眼界，拓展知识面，并通过探索与研究材料，挖掘自身的学习潜能，获得认知能力的发展。

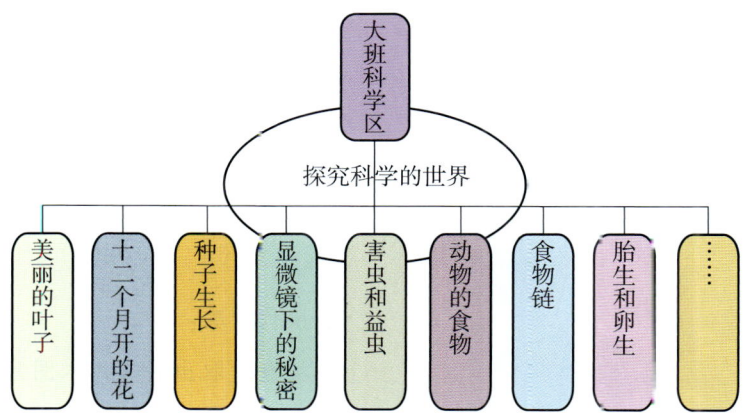

图 2-227　大班科学区导航图

三、大班科学区材料案例

案例 2-29

（1）活动名称：美丽的叶子。

（2）活动目标：

①懂得欣赏树叶的美，萌生对大自然的热爱之情。

②增进对树叶的了解，初步认识各种树叶的形状、颜色。

③通过观察和对比活动，能准确辨别各种叶子。

（3）材料解读：

①选用色彩亮丽的拍立得小相框放置各种树木的图片，激发幼儿的操作兴趣。

②在透明的过胶片上手绘各种树叶，再把它们装进自制的相框中。

图 2-228　材料构成

（4）材料构成（见图 2-228）：

①各种树木相框 1 套，树叶相框 1 套，彩色笔。

②托盘，纸盒，笔盒。

图 2-229　取出树木相框

（5）操作步骤：

①从托盘中取出装有树木图片的相框，观察树木的形态特征（见图 2-229）。

②翻过背面，将树木相框拼插组装成立体相框（见图 2-230）。

图 2-230　拼插立体相框

③将所有树木相框摆放整齐，仔细观察树木图片，并认读树木的名称（见图 2-231）。

图 2-231　认读树木的名称

④逐一取出各种装有树叶图片的相框，观察认读树叶的名称（见图 2-232）。

图 2-232　取出树叶相框

⑤对比观察，将树叶相框对应摆放在与之匹配的树木相框前，再次认读树叶的名称（见图 2-233）。

图 2-233　认读树叶的名称

图 2-234　逐一对应摆放

⑥依此方法逐一对应摆放，找到所有树木的树叶（见图 2-234）。

图 2-235　完成记录单

⑦完成记录单（见图 2-235）。

（6）适宜年龄：5—6 岁。

（7）错误控制：树叶图片的相框颜色和树木图片的相框颜色是一样的。

（8）注意事项：教师应注意引导幼儿观察各种树叶的叶脉，感受树叶之美。

（9）变化延伸：

①可用此方法认识树木的果实、花、根等。

②根据季节特点，开展与树叶有关的捡落叶、树叶粘贴等活动。

（10）活动反思：

①这份材料是贴近幼儿生活的、幼儿特别喜欢探索的科学认知活动，通过让幼儿探索各种各样的叶子，可培养他们的观察、比较、分类等综合能力。大班幼儿基本上都可以独立完成操作，但个别幼儿会出现观察不仔细、对树叶的细微变化把握不够、匹配错误等情况，因此，教师在指导时要结合日常

生活中的观察，引导幼儿注意观察树叶的形状、轮廓以及厚薄等特征，培养幼儿敏锐的观察力。

②每一种树木及树叶下面都标注了名称，部分识字量较小的幼儿在操作时会困难一些。对于这些幼儿，教师应该带领他们一起指读各种树木、树叶的名称，同时，要认真记录幼儿的操作情况，根据每个幼儿的实际操作水平，适当减少操作材料以降低难度，帮助幼儿顺利完成探索，在活动中体验成功。

案例 2-30

（1）活动名称：十二个月开的花。

（2）活动目标：

①萌生对花的喜爱和爱护之意。

②感知花的各种形态，了解一年中每个月常见的花。

③能用生动的词汇描述自己喜欢的花。

（3）材料解读：

①用小花盆的形式呈现花的图片，增加材料的美感和真实感。

②准备一条彩带，制作包含十二个月的月份线，帮助幼儿进行排序。

③选择幼儿常见的、有代表性的每个月开的花。

图 2-236　材料构成

（4）材料构成（见图 2-236）：

①月份线，十二个月花的图片，精致小花盆，剪刀，胶水。

②布艺竹筐，笔筒，小盒子。

（5）操作步骤：

①从布艺竹筐中取出标有十二个月份的月份线（见图 2-237）。

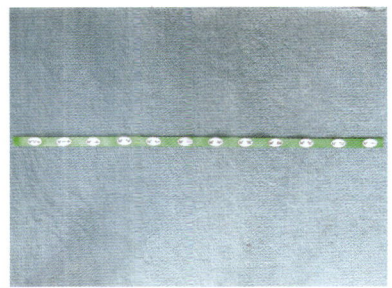

图 2-237　取出月份线

图 2-238　花盆和月份匹配

②取出标有月份的小花盆，对应摆放在月份线的上方（见图 2-238）。

图 2-239　观察花的图片

③取出花的卡片，观察认识每个月开的花（见图 2-239）。

图 2-240　找到一月开的花并摆放

④将"一月迎春花"摆放在月份线中汉字"一月"的下方（见图 2-240）。

图 2-241　将花与月份匹配

⑤逐一把每个月开的花和月份线上的月份进行匹配（见图 2-241）。

⑥按顺序将花的图片夹在花盆上，认读各月份的花（见图2-242）。

图 2-242　将花夹在花盆上

⑦完成记录单（见图2-243）。

图 2-243　完成记录单

（5）适宜年龄：5—6岁。

（7）错误控制：月份线、花的图片、花盆上都有月份提示。

（8）注意事项：教师要引导幼儿挑选自己喜欢的花进行描述。

（9）变化延伸：

①以春、夏、秋、冬四个季节为单位，设计各个季节开的花。

②认识每个季节盛产的蔬菜与水果。

（10）活动反思：

①深圳市属于南方城市，四季温暖如春、鲜花盛开，但也因为季节特征不明显，幼儿欣赏不到梅花、雪松等冬季的景象。为了增进幼儿对各月盛开什么花的了解，教师设计了这份材料。由于月份与材料较多，教师可根据幼儿的发展情况，选择一些幼儿常见的、喜欢的花进行操作。

②教师可利用郊游的时间组织幼儿参观植物园、花开展览，引导幼儿观

察各种花的形状特点，丰富幼儿的花卉知识，提升幼儿的生活经验。

> 案例 2-31

（1）活动名称：种子生长。

（2）活动目标：

①喜欢探究各种种子，愿意分享活动的快乐。

②认识几种种子的生长过程，了解它们在各个时期的外部形态特征。

③通过对比观察，能准确进行区分和排序。

（3）材料解读：

①挑选颗粒饱满的种子，用防腐药水浸泡、晾晒干后，用瓶子装好。

②根据种子的生长顺序，分别将四个阶段的生长字卡用丝带连接好。

（4）材料构成（见图 2-244）：

①种子 4 种，生长字卡和图卡，丝带，小瓶子。

②托盘，碟子，盒子，瓶子。

（5）操作步骤：

①取出小瓶子，观察里面装的是什么种子（见图 2-245）。

②打开种子生长的字卡，认读四个阶段：发芽、长叶、开花、结果（见图 2-246）。

图 2-244　材料构成

图 2-245　认识各种种子

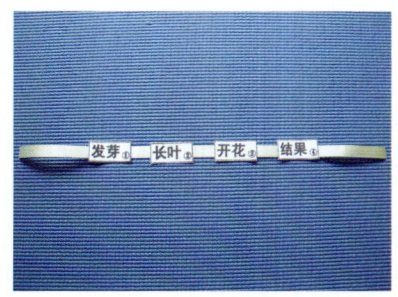

图 2-246　认读种子生长的各阶段

③打开花生生长图卡，了解花生在各阶段的生长形态（见图 2-247）。

图 2-247　花生是这样生长的

④将花生生长图卡对应摆放到字卡下方（见图 2-248）。

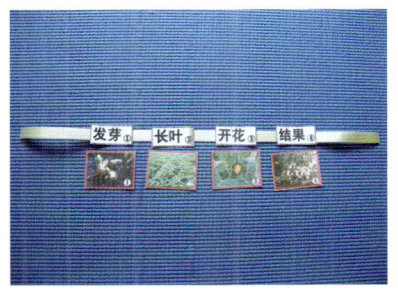

图 2-248　对应摆到字卡下方

⑤把花生种子摆放到花生生长图卡前面（见图 2-249）。

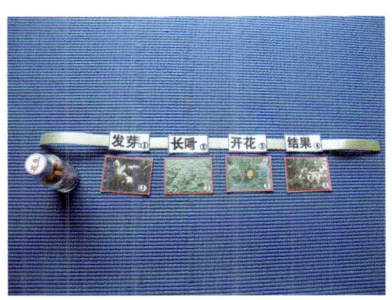

图 2-249　放上花生种子

⑥依此方法，再认识和摆放葵瓜子图卡，对比观察葵瓜子和花生在各阶段的异同（见图 2-250）。

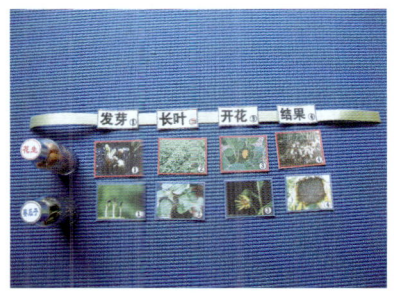

图 2-250　对比观察葵瓜子和花生

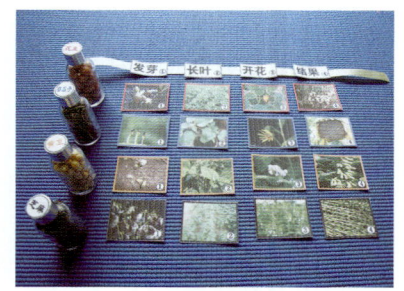

⑦再认识其他的种子,并把它们对应摆放在字卡下方(见图2-251)。

图2-251　全部摆放整齐

(6)适宜年龄:5—6岁。

(7)错误控制:字卡和图卡上有生长顺序的标号;一种种子用一种颜色标记。

(8)注意事项:种子刚萌芽时的图片比较难分辨,教师要给予幼儿适当的指导。

(9)变化延伸:

①班级开展种植活动,让幼儿观察记录种子的生长过程。

②开展制作《种子日记》小书的亲子活动,布置小书展览。

(10)活动反思:

①幼儿在中班已经认识过单个种子的生长,到了大班可以同时提供几种种子供幼儿对比观察,引导幼儿发现种子生长变化的规律,以此提高幼儿的比较分析能力。教师可以根据班级幼儿的能力发展情况,适当增减种子的数量,对于能力较弱的幼儿,建议降低难度,只做两组对比观察。

②材料中的花生和葵瓜子都是幼儿平常喜欢吃的食品,但为了材料的长期保存,教师在投放前进行过防腐处理,所以要特别提醒幼儿,不能打开瓶盖品尝,防止食物中毒。

案例 2-32

（1）活动名称：显微镜下的秘密。

（2）活动目标：

①乐于使用科学仪器观察，进行探索、发现。

②认识常见的昆虫，观察昆虫身体结构的主要特征。

③敢于独立完成显微镜的操作和观察。

（3）材料解读：

①自制昆虫标本6个，置于透明盒中，以便幼儿观察。

②购买带有调节旋钮的儿童显微镜，便于幼儿观察昆虫身体的主要特征和细微之处。

③制作1套昆虫图片，帮助幼儿认识昆虫。

图 2-252 材料构成

（4）材料构成（见图 2-252）：

①显微镜1个，昆虫标本6个，昆虫图片6张，记录单。

②托盘，精美小礼盒。

（5）操作步骤：

①从托盘中取出昆虫标本，用眼睛观察它们的外形特征（见图 2-253）。

图 2-253 取出昆虫标本

②取出显微镜，手动调试旋钮到合适的观察距离（见图 2-254）。

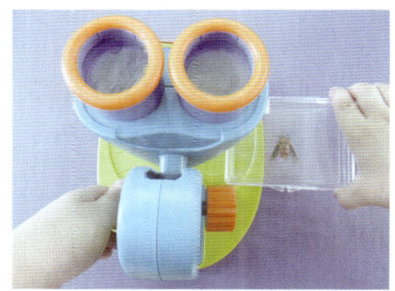

图 2-254 调试显微镜

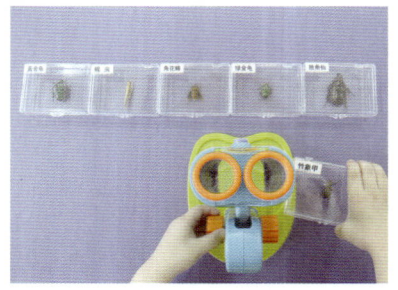

图 2-255　逐一观察昆虫

③逐一把昆虫标本放在显微镜下进行观察，然后有序摆放（见图 2-255）。

图 2-256　取出昆虫图片并观察

④取出昆虫图片并进行观察（见图 2-256）。

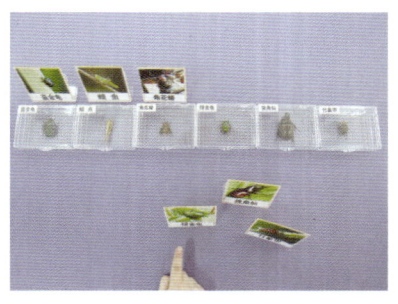

图 2-257　将图片和标本匹配

⑤认读图片中昆虫的名称，并和昆虫标本匹配（见图 2-257）。

图 2-258　全都匹配

⑥将昆虫标本和昆虫图片全部匹配，有序摆放（见图 2-258）。

⑦将图片剪下,粘贴在对应的文字框中,完成记录单(见图2-259)。

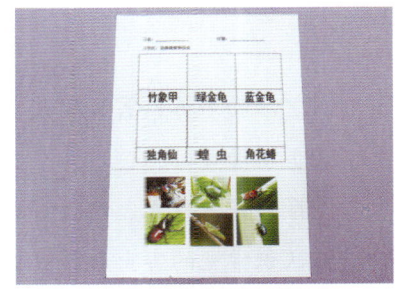

图 2-259　完成记录单

(6)适宜年龄:5—6岁。

(7)错误控制:昆虫图片和透明标本盒上的文字一致。

(8)注意事项:在幼儿自行调试显微镜时,教师要提醒幼儿用手动旋钮调节到合适的位置,不可用力压迫镜片,以免造成镜片破损。

(9)变化延伸:

①可以提供更小型的昆虫标本或植物标本等进行观察。

②可以尝试使用高倍的专业显微镜,让幼儿探索观察。

(10)活动反思:

①漂亮的儿童显微镜激发了幼儿强烈的好奇心,他们总想去摸一摸、看一看。在观察初期,幼儿的注意力处于反复用旋钮调节远近、不停摆弄显微镜的阶段。教师应指导幼儿将注意力转移到观察昆虫标本上,引导幼儿观察昆虫的脚、翅、眼睛等部位在显微镜下的形态,并发现其身体结构不一样的地方。

②在观察过程中,幼儿不只是局限于观看昆虫,他们会发现,其他东西在显微镜下也会发生神奇的变化,比如自己的手纹。对于接下来的工作,教师会反思、调整,提供更加多样化的标本供幼儿去探索和发现。

案例 2-33

（1）活动名称：害虫和益虫。

（2）活动目标：

①懂得保护益虫、消灭害虫的重要性。

②认识常见的害虫和益虫，知道昆虫与人们之间的关系。

③能与同伴分享自己生活中的护虫或灭虫经验。

图 2-260　材料构成

（3）材料解读：

①用废旧的盒子制作成昆虫生活的真实场景模型，增强材料的吸引性。

②选择色彩鲜艳的仿真昆虫，激发幼儿操作的兴趣。

（4）材料构成（见图 2-260）：

①昆虫生活场景盒，仿真动物若干，记录单。

②托盘，精美礼盒。

（5）操作步骤：

①取出场景盒，观察昆虫生活的环境（见图 2-261）。

图 2-261　观察昆虫生活的环境

②取出各种昆虫，观察昆虫的外形特征（见图 2-262），说出它们的名称。

图 2-262　认识各种昆虫

③逐一辨认益虫和害虫，并对应分类摆放（见图2-263）。

图2-263　分辨益虫和害虫

④查看昆虫背面的颜色标记，检查分类是否正确（见图2-264）。

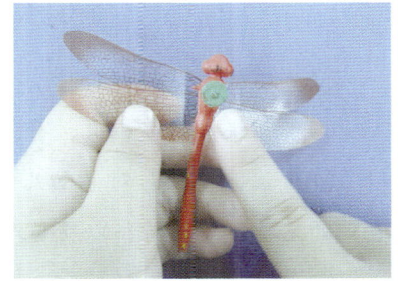

图2-264　检查分类情况

⑤把益虫放进"益虫"生活的场景中（见图2-265）。

图2-265　把益虫放进盒子

⑥把害虫放进"害虫"生活的场景中（见图2-266）。

图2-266　把害虫放进盒子

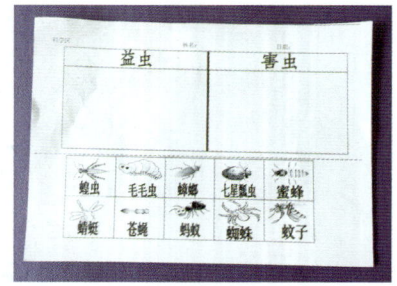

图 2-267　完成记录单

⑦把图片剪下来，分别粘贴到记录单上（见图 2-267）。

（6）适宜年龄：5—6 岁。

（7）错误控制：益虫、害虫背面的颜色标记与相应场景的底板颜色一致。

（8）注意事项：对于幼儿辨认不清的益虫、害虫，教师要引导幼儿了解它们的名称、外形特征以及与人类的关系。

（9）变化延伸：

①投放保护益虫和防治害虫的材料。

②结合班级主题活动，开展"虫虫乐园""可怕的害虫"等活动。

（10）活动反思：

① 对昆虫世界的探索，是大班幼儿非常喜欢的活动。在投放此材料前，教师可以通过相关的活动，引导幼儿了解益虫和害虫的简单知识，知道对我们人类的生产、生活有用的昆虫叫益虫，相反，对我们人类的生产、生活有害的昆虫叫害虫。幼儿在理解的基础上开展操作活动，兴趣会更加浓厚，获得的知识也更加精准、牢固。

②在活动中，教师还可以根据大班幼儿对文字的掌握情况，增加各种益虫和害虫的名称字卡对应，通过图文匹配，更好地帮助幼儿认识各种昆虫。

案例 2-34

（1）活动名称：动物的食物。

（2）活动目标：

①对动物的食性感兴趣，愿意探究与动物食性相关的活动。

②认识常见的食草、食肉和杂食动物，感知同类动物的共同特征。

③能通过分享比较，按动物的食性进行分类。

（3）材料解读：

①制作3块分类牌，每块牌上都有字和图的标记。

②将分类板用环扣连接成立体的操作板，在板的背面粘贴上磁铁片。

（4）材料构成（见图2-268）：

①分类牌3块，分类板，食草、食肉和杂食动物的图片各1套。

②篮子，小盒子。

（5）操作步骤：

①取出各种动物的图片散放在地毯上（见图2-269）。

②观察动物食性的分类牌，了解动物的食性（见图2-270）。

图 2-268 材料构成

图 2-269 取出动物的图片

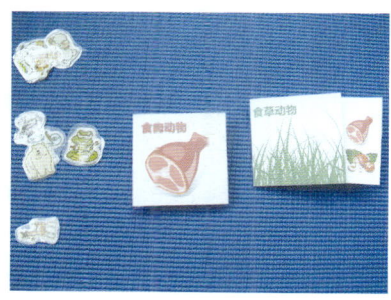

图 2-270 观察动物食性的分类牌

图 2-271　把分类牌摆放整齐

③将3块分类牌排列整齐（见图2-271）。

图 2-272　这些是食肉动物

④将食肉动物挑选出来，依次摆放在分类牌下方（见图2-272）。

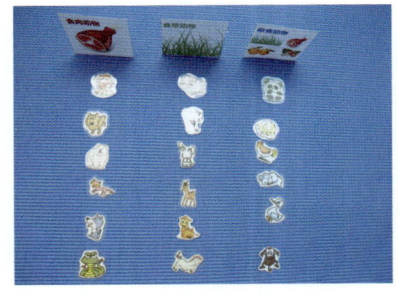

图 2-273　分类摆放整齐

⑤将其他两类动物也分类摆放（见图2-273）。

图 2-274　粘贴到立体板上

⑥根据动物的食性，分别将三类动物的图片粘贴到立体板上（见图2-274）。

⑦把分类牌对应夹到立体板上（见图2-275）。

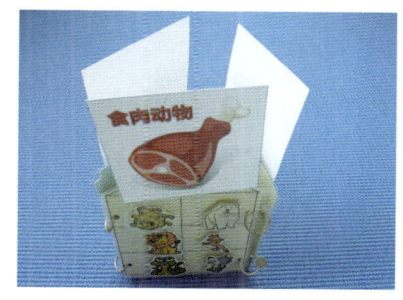

图 2-275　夹上分类牌

（5）适宜年龄：5—6岁。

（7）错误控制：各类动物图片的底板颜色与分类板的底色、分类牌上文字的颜色相对应。

（8）注意事项：教师要引导幼儿观察同类动物的共同特征。

（9）变化延伸：

①投放记录单，记录单也可以采用立体的形式。

②投放食物链的操作材料，帮助幼儿理解动物之间的依存关系。

（10）活动反思：

①这份材料的操作对于大班幼儿来说并不难，幼儿根据颜色的提示能很快完成分类及摆放，但这并不等于他们理解了动物的食性。完成操作后，教师可与幼儿一起探讨，发现同类动物的共同特征，如牙齿、爪子等，充分理解动物的食物为什么会有区别，拓展幼儿的经验，增强他们的分析、归纳能力。

②教师还应注重大班幼儿自我纠错能力的培养。针对大班幼儿的特点，这份材料提供的动物数量较多，个别幼儿可能会因为粗心而出现分类错误的情况，教师在观察过程中要及时提醒幼儿发现错误，进行自我纠正。

案例 2-35

（1）活动名称：食物链。

（2）活动目标：

①懂得生态平衡的重要性，萌发保护动植物的意识。

②了解动物的食物链,感知它们之间相互制约、相互依存的关系。

③能在生活中做生态平衡的宣传小天使。

(3) 材料解读:

①食物链关系图采用箭头连接的方式,可帮助幼儿直观地理解、记忆。

②将操作图片用立体形式呈现,可增强幼儿的操作兴趣。

(4) 材料构成(见图 2-276):

图 2-276　材料构成

①底板 1 张,动物图片,字卡。

②方形花边小篮子,小纸盒,小铁盒。

(5) 操作步骤:

①取出图片底板,观察食物链关系图(见图 2-277)。

图 2-277　观察食物链关系图

②取出小纸盒,拿出动物图片,散放在地毯上(见图 2-278)。

图 2-278　取出动物图片

③把老鹰的图片摆在食物链最顶端的小框中(见图 2-279)。

图 2-279　把老鹰放在食物链顶端

④依次把动物图片对应摆放在底板上的小框中（见图2-280）。

图2-280　依次摆放动物图片

⑤取出小铁盒，拿出字卡，散放在地毯上（见图2-281）。

图2-281　取出字卡

⑥找到"老鹰"的字卡，摆放在图片前（见图2-282）。

图2-282　这是"老鹰"

⑦完成所有的图文配对，说一说食物链的关系（见图2-283）。

图2-283　完成图文配对

（6）适宜年龄：5—6岁。

（7）错误控制：底板上的小框颜色、动物边框的颜色和字卡边框的颜色一致。

（8）注意事项：教师要提醒幼儿先操作动物图片，再操作字卡。

（9）变化延伸：

①了解食物链的其他类型，比如寄生性、腐生性、碎食性等。

②投放食物链的记录单。

③班级开展宣传生态平衡的活动。

（10）活动反思：

①"食物链"材料是大班幼儿非常感兴趣的活动材料。这份材料的设计难度适宜，操作步骤简单，教师应鼓励幼儿独立、有序地完成操作，并根据颜色的提示自我检查修正，培养幼儿独立思考的习惯和自我纠错的能力。

②自然界的食物链有很多，在生活中，教师可引导幼儿通过多种途径，观察、了解自然界的各种食物链，帮助幼儿更深刻地理解动物之间相互制约、相互依存的关系。

案例 2-36

（1）活动名称：胎生和卵生。

（2）活动目标：

①对动物的生殖方式感兴趣，愿意探究动物繁衍后代的秘密。

②感受动物胎生和卵生的生殖方式，初步了解它们的异同。

③能按照动物的不同生殖方式进行分类。

（3）材料解读：

①选用蛋形和猫咪形状的底板做分类板，增强活动的情境性和趣味性。

②制作常见的胎生和卵生动物卡，用标签板立体化呈现。

(4）材料构成（见图 2-284）：
①胎生、卵生动物的分类板，动物卡片。
②托盘，精美的小盒子。

图 2-284　材料构成

(5）操作步骤：
①从托盘中取出胎生和卵生底板（见图 2-285）。

图 2-285　取出操作底板

②打开操作底板，认读"胎生"和"卵生"（见图 2-286）。

图 2-286　认读"胎生"和"卵生"

③取出动物卡片，观察各种动物（见图 2-287）。

图 2-287　观察各种动物

图 2-288　按生殖方式分类

④按照生殖方式将动物分成胎生动物和卵生动物两类（见图 2-288）。

图 2-289　摆放卵生动物

⑤将卵生动物摆放到蛋形底板上（见图 2-289）。

图 2-290　摆放胎生动物

⑥将胎生动物摆放到猫咪底板上（见图 2-290）。

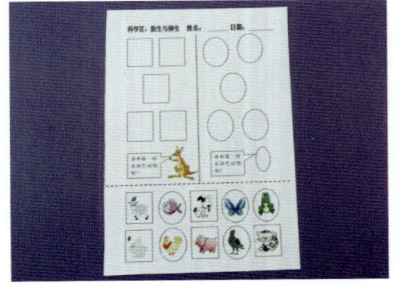

图 2-291　完成记录单

⑦参照操作结果，完成记录单（见图 2-291）。

(6)适宜年龄：5—6岁。

(7)错误控制：胎生动物和卵生动物的图片和字卡分别用方形和椭圆形来区分。

(8)注意事项：教师要提醒幼儿在操作完成后说一说胎生动物和卵生动物各有什么特征。

(9)变化延伸：用多种分类方式练习小动物分类，如脊椎动物和无脊椎动物、家禽和家畜等。

(10)活动反思：

①幼儿在生活中、绘本故事里，常常见到母鸡孵蛋、动物生宝宝等情景，但对胎生、卵生的概念仍比较模糊。因此，在幼儿选择这份材料的时候，教师要了解幼儿的相关经验，明确幼儿是否已具备对胎生动物、卵生动物的基本认识，帮助他们准确分类，获得新的经验。

②教师可在班级自然探索区域添置1个孵蛋器，让幼儿在真实的情境中连续观察、记录并讲述小鸡孵化的全过程，体验生命诞生的神奇，培养幼儿的观察能力和语言表达能力。

案例 2-37

(1)活动名称：我们的眼球。

(2)活动目标：

①萌生爱护眼睛的意识。

②初步了解眼球的内部构造，尝试组装晶状体和眼角膜。

③能在生活中养成良好的用眼卫生习惯。

(3)材料解读：

①选用相对简单的眼球构造模型来吸引幼儿操作的兴趣，眼球模型是可以组装和拆卸的。

②根据眼球的构造，制作一份操作参照卡。

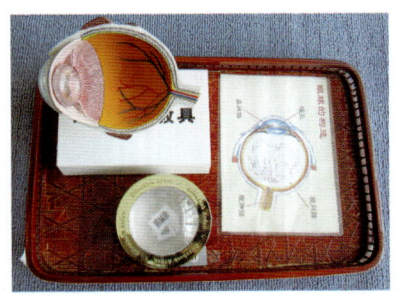

图 2-292　材料构成

（4）材料构成（见图 2-292）：

① 眼球模型，眼球的构造卡，文字卡。

② 托盘，小盒。

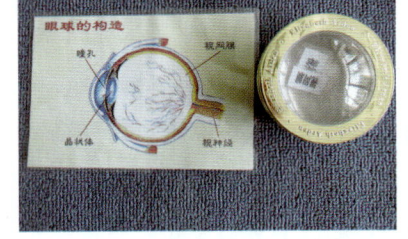

图 2-293　观察眼球构造卡

（5）操作步骤：

① 从托盘中取出眼球构造卡，观察眼球的内部结构（见图 2-293）。

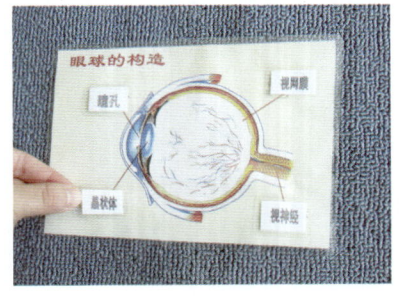

图 2-294　认识各结构的名称

② 取出字卡，认识眼球内部各个结构的名称，依次将字卡摆放在对应的位置（见图 2-294）。

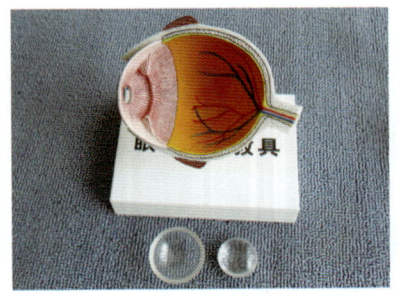

图 2-295　取出各种模型

③ 从托盘中取出眼球模型及眼角膜模型、晶状体模型（见图 2-295）。

④先将晶状体组装在眼球模型的凹槽中（见图 2-296）。

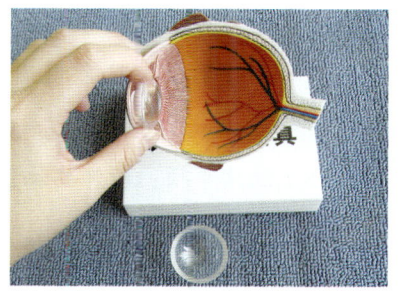

图 2-296　先组装晶状体

⑤再将眼角膜组装在眼球模型的凹槽中（见图 2-297）。

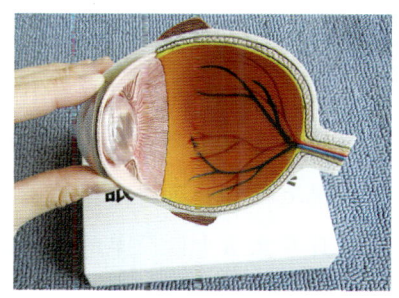

图 2-297　再组装眼角膜

⑥对应文字卡，认读眼球模型上的各个结构的名称（见图 2-298）。

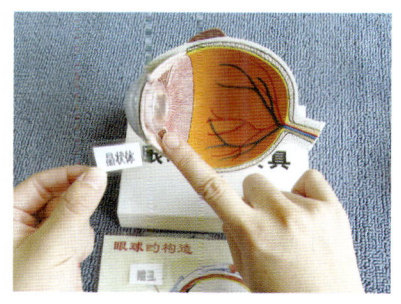

图 2-298　对应模型说出结构名称

⑦按照操作提示，完成记录单（见图 2-299）。

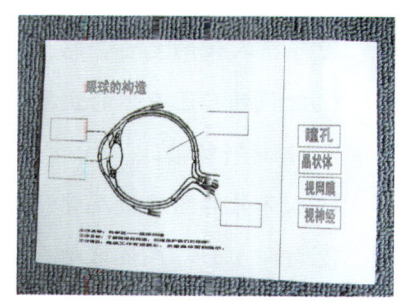

图 2-299　完成记录单

（6）适宜年龄：5—6岁。

（7）错误控制：眼角膜及晶状体模型的接口与眼球模型上的接口是吻合的。

（8）注意事项：教师要注意引导幼儿一边说出名称一边操作。

（9）变化延伸：

①可提供眼球操作示意图，让幼儿学习眼球转动操。

②班级开展护眼行动，向家长和同伴宣传爱眼知识。

（10）活动反思：

①幼儿进入大班以后，书写活动增多，用眼时间变长，因此让幼儿养成良好的用眼卫生习惯是这个阶段卫生保健的重要任务。这份操作材料能让幼儿直观地观察和了解眼球构造，了解爱护眼睛的重要性。教师还可以带领幼儿在日常生活中做简单的眼球操，锻炼眼睛，缓解视疲劳，切实做好幼儿近视眼的预防工作。

②由于眼球内部结构的医学专业名称较多，而且都是幼儿平时较少接触的，所以活动的重点不必放在对各结构的名称以及字卡的认识上，而要在幼儿初步感知眼球结构后，着重进行爱眼、护眼方面的引导。

案例2-38

（1）活动名称：人体骨骼。

（2）活动目标：

①愿意探究和人体相关的活动。

②了解人体的主要骨骼，知道其名称和在人体中的位置。

③能找到自己身体的主要骨骼的位置。

（3）材料解读：

①人体骨骼图底板及骨骼图片都是磁力板，方便幼儿摆放，不易丢失。

②打印1套与底板名称一致的骨骼名称字卡。

第二章 科学区材料案例

（4）材料构成（见图2-300）：
①人体骨骼图底板，人体骨骼，记录单。
②塑料袋，精美的礼盒。

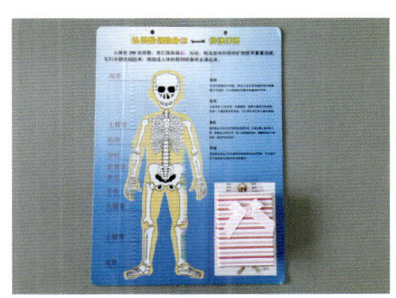

图2-300 材料构成

（5）操作步骤：
①观察人体骨骼图（见图2-301）。

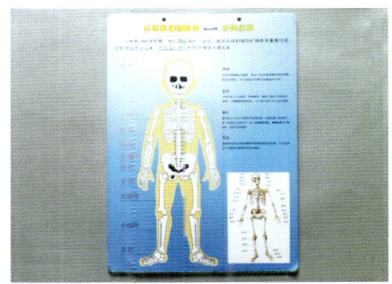

图2-301 观察人体骨骼图

②取出各种骨骼，观察它们的形状（见图2-302）。

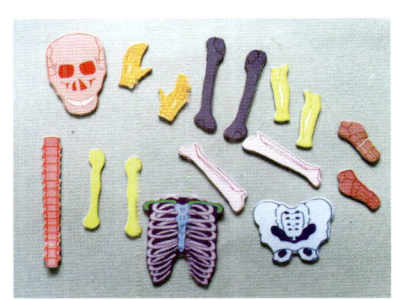

图2-302 观察各种骨骼

③取出人体骨骼字卡，按人体部位的顺序从上到下摆放整齐（见图2-303）。

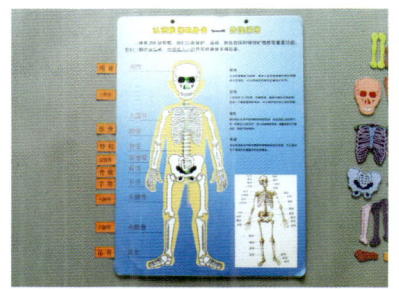

图2-303 将字卡有序排列

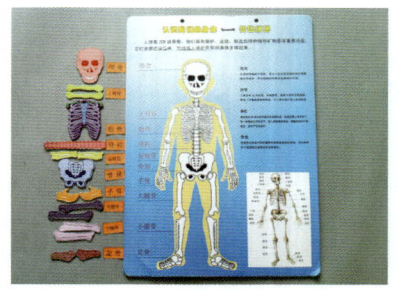

图 2-304　骨骼与字卡匹配

④从头骨开始,依次将人体骨骼与字卡一一对应(见图 2-304)。

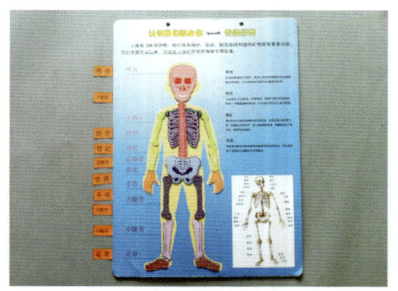

图 2-305　将骨骼拼接在底板上

⑤将各种骨骼拼接在人体骨骼图上(见图 2-305)。

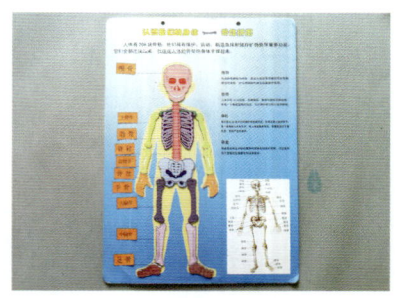

图 2-306　摆放字卡

⑥将人体骨骼字卡对应摆放在相应的骨骼旁边(见图 2-306)。

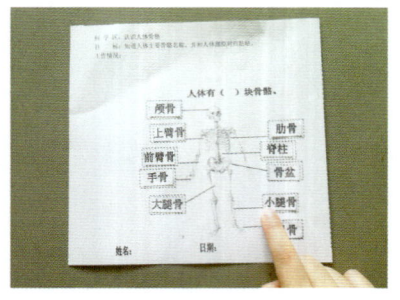

图 2-307　完成记录单

⑦按照操作提示,完成记录单(见图 2-307)。

（6）适宜年龄：5—6岁。

（7）错误控制：人体骨骼图底板上有骨骼图形和名称，可提示幼儿对应摆放。

（8）注意事项：教师可引导幼儿一边对应骨骼一边认读字卡，说出该骨骼的名称和位置。

（9）变化延伸：

①投放认识关节的活动，了解骨骼和关节的保护方法。

②和同伴玩按摩游戏，增加对骨骼的了解。

（10）活动反思：

①幼儿在日常生活中，通过游戏和运动对人体的骨骼有了初步的认识，储备了与骨骼有关的基本常识。这份材料的设计能满足幼儿的认知需求，因此是适宜的。

②为了让幼儿认识人体的主要骨骼，教师提供了较为完整的骨骼图和各种骨骼。对于幼儿来说，拼接操作比较容易，但骨骼名称的数量多，而且都是专用名词，对于文字敏感度低的幼儿来说认读骨骼字卡比较困难，因此，对字卡的认读并不是重点，不必要求幼儿都能认读。教师应重点引导幼儿了解各种骨骼在人体中的位置，并结合自己的骨骼进行描述，也可以根据幼儿的情况适当减少骨骼名称的标注，以降低操作难度。

案例 2-39

（1）活动名称：人体器官。

（2）活动目标：

①懂得人体器官的重要性，萌发爱护身体器官的意识。

②认识人体的器官，了解器官的名称、功能以及在身体里的位置。

③能结合自己的经验与同伴分享探索的结果。

（3）材料解读：

①制作1套人体器官卡片，包含人体各器官的图片、名称以及在身体里

图 2-308　材料构成

的位置标示。

②提供微缩人体仿真器官 1 套。

（4）材料构成（见图 2-308）：

①人体器官卡片 1 套，仿真器官 1 套，器官名称字卡。

②托盘，小竹篮，小盒子。

图 2-309　认识器官

（5）操作步骤：

①取出各个器官，尝试说出它们是人体的什么器官（见图 2-309）。

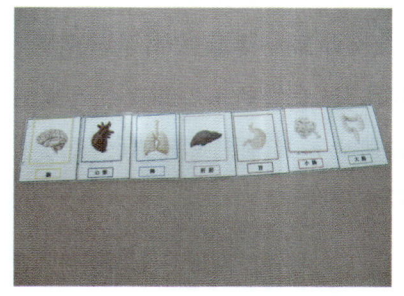

图 2-310　将器官卡片摆放整齐

②将器官卡片取出来，摆放整齐（见图 2-310）。

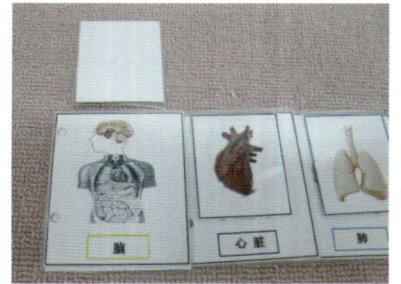

图 2-311　看看大脑在什么位置

③翻开大脑的卡片，了解它在人体的什么位置（见图 2-311）。

④在各器官中找出大脑，将它摆放在卡片的上方（见图2-312）。

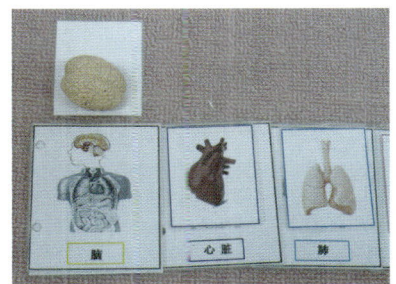
图 2-312　将大脑与卡片匹配

⑤按照卡片上的提示，将所有的器官都对应摆放到卡片上方（见图2-313）。

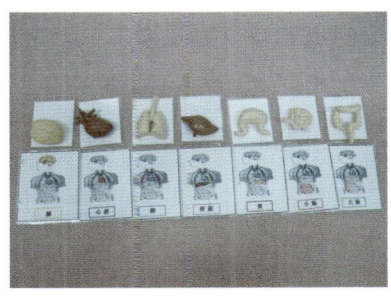
图 2-313　将所有器官都摆放好

⑥认读器官名称字卡（见图2-314）。

图 2-314　认读器官名称字卡

⑦将所有的名称字卡与人体器官进行匹配（见图2-315）。

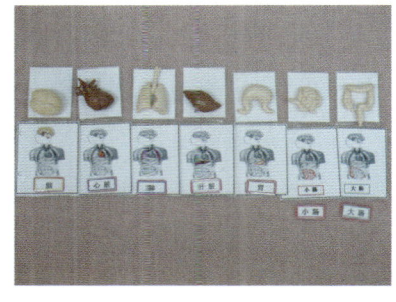
图 2-315　将名称字卡与器官匹配

（6）适宜年龄：5—6岁。

（7）错误控制：卡片上器官的颜色、形状与仿真器官相一致。

（8）注意事项：在幼儿摆放仿真器官时，教师可引导幼儿说一说各器官的功能。

（9）变化延伸：

①制作一份人体内脏解剖图，鼓励幼儿将所有的内脏组合摆放到相应的位置。

②结合主题活动进一步认识自己的内脏器官。

（10）活动反思：

①大班幼儿对人体的相关知识非常感兴趣，但由于人体的内部脏器是幼儿无法直接感知的，因此，在投放这份材料之前，教师应借助于人体解剖模型，引导幼儿认识各种器官，建构人体内脏的相关经验，在原有基础上再探索材料，这样可以提高幼儿操作的准确性，增强其自信心。

②在组合摆放内脏的延伸活动中，各脏器之间的前后或里外关系是个难点，比如，肺在心脏的后面，小肠包裹在大肠里面。在幼儿的操作过程中，教师要予以提示和引导。

案例 2-40

（1）活动名称：我的血型。

（2）活动目标：

①产生积极探索人类身体奥秘的兴趣。

②初步认识人的几种血型，了解自己、老师和同伴的血型。

③能通过血型登记表统计班级师生的血型。

（3）材料解读：

①在家长的协助下，制作1本全班师生的血型登记表，供幼儿分类统计。

②以小汽车的形式设计1套血型卡，增强幼儿的操作兴趣。

第二章 科学区材料案例

（4）材料构成（见图 2-316）：

①血型登记表，男生、女生的图片，血型卡，便笺夹。

②竹筐，托盘，小纸盒。

图 2-316　材料构成

（5）操作步骤：

①从托盘中取出血型卡，了解血型的种类（见图 2-317）。

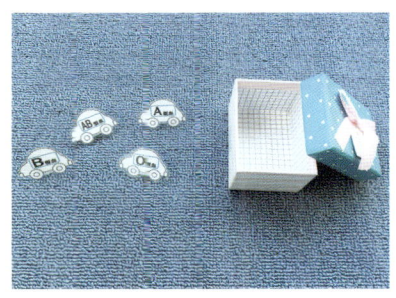

图 2-317　了解血型的种类

②找到自己的血型，如 O 型血，说一说："我是 O 型血。"（见图 2-318）

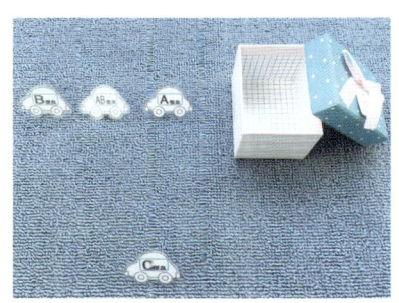

图 2-318　我是 C 型血

③取出便笺夹和男生、女生的图片（见图 2-319）。

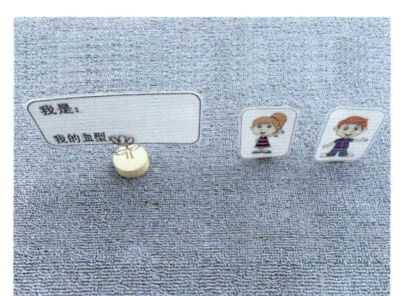

图 2-319　取出便笺夹和图片

图 2-320　记录自己的性别和血型

④记录自己的性别和血型,如我是"女孩",我的血型是"O 型"(见图 2-320)。

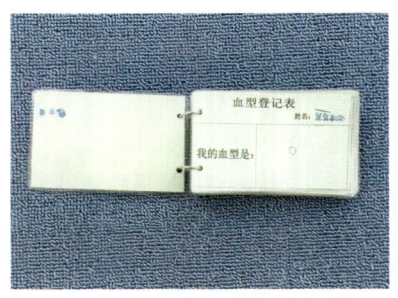

图 2-321　找到自己的登记页

⑤翻阅血型登记表,检查自己的记录是否正确(见图 2-321)。

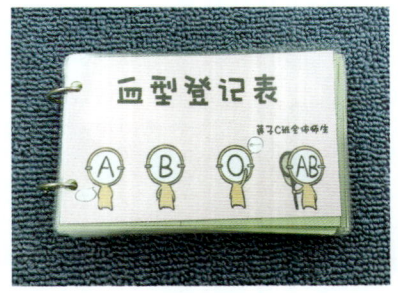

图 2-322　查阅他人的血型

⑥查阅老师和同伴的血型(见图 2-322)。

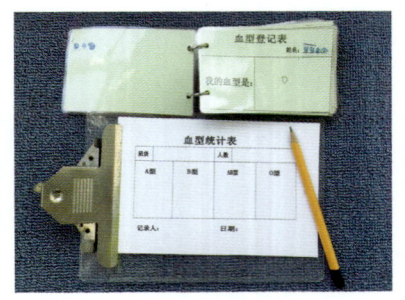

图 2-323　完成血型统计表

⑦对照血型登记表,完成全班师生的血型统计表(见图 2-323)。

（6）适宜年龄：5—6岁。

（7）错误控制：血型登记表上的血型要登记准确。

（8）注意事项：教师要协助幼儿检查统计结果。

（9）变化延伸：

①记录家庭成员的血型。

②了解关于血液中的成分或血液循环的粗浅知识。

（10）活动反思：

①此份材料中的血型登记表需要提前请家长协作完成，在制作过程中，建议让幼儿参与，各自制作属于自己的那一页登记表，然后将全班师生的登记表装订成册并投放到材料中，激发幼儿探索的积极性。

②大班幼儿虽然已经具备了简单的分类统计能力，但由于班级人数众多，所以统计表的设计不宜太复杂，建议教师设计两种不同的统计表，如全班的或分男生、女生的，幼儿可根据自身需求，选择简单或复杂的统计表来完成记录。

案例 2-41

（1）活动名称：健康饮食金字塔。

（2）活动目标：

①懂得均衡饮食的重要意义，养成不挑食的饮食习惯。

②了解粗浅的营养学知识，知道生长发育需要从各种食物中吸取营养。

③尝试在生活中和家长一起合理搭配各种食物。

（3）材料解读：

①购买1个蛋糕架，根据需要改装成四层金字塔展示台。

②将食物分类字卡按照从多到少的合理饮食量，依次从下到上粘贴到金字塔上。

③购买各种仿真的食物，吸引幼儿操作的兴趣。

图 2-324　材料构成

（4）材料构成（见图 2-324）：

①四层金字塔，各种仿真食物，食物分类字卡和饮食量字卡。

②托盘，篮子，小碗。

图 2-325　认识各种食物

（5）操作步骤：

①从托盘中拿出各种食物，分别说出它们的名称（见图 2-325）。

图 2-326　认读饮食量字卡

②认读饮食量字卡，并将字卡排列整齐（见图 2-326）。

图 2-327　五谷类食物"吃最多"

③观察金字塔第一层，挑选出五谷类食物摆上去，并插上"吃最多"字卡（见图 2-327）。

④挑选出蔬菜和水果，摆在金字塔的第二层，插上"吃多些"字卡（见图2-328）。

图 2-328　蔬菜、水果"吃多些"

⑤再选出奶类和肉类食物摆在金字塔的第三层，插上"吃适量"字卡（见图2-329）。

图 2-329　奶类、肉类"吃适量"

⑥最后，将糖、油和饮料摆在最上层，插上"吃少些"字卡（见图2-330）。

图 2-330　油和糖"吃少些"

⑦从底层开始翻看各种食物，进行自我检查（见图2-331）。

图 2-331　进行自我检查

（6）适宜年龄：5—6岁。

（7）错误控制：每一层食物上的标记、饮食量字卡及分类卡的颜色相一致。

（8）注意事项：仿真食物多为塑料制品，购买后建议用消毒、暴晒的方法去除异味。

（9）变化延伸：

①投放健康食品与垃圾食品的操作材料。

②让幼儿尝试自己设计一天的早、中、晚餐健康食谱。

（10）活动反思：

①健康饮食与我们的生活息息相关，通过形象的金字塔设计，可以帮助幼儿更好地理解均衡饮食与健康饮食的重要性。对各类食物进行分类是材料操作中的难点，教师应在日常生活中帮助幼儿建立各类食物的相关概念，在此基础上引导幼儿独立操作、自我纠错，并鼓励幼儿与同伴分享活动中的感受。

②这份材料中出现的文字较多，教师在指导时要了解幼儿的识字情况，对于不会识字的幼儿，教师可与他们一起指读字卡，或者降低操作难度，将字卡提前插到展示台上，让幼儿只对食物进行分类，然后陈列到金字塔上。

案例 2-42

（1）活动名称：我在妈妈肚子里。

（2）活动目标：

①感受妈妈怀孕的辛苦，萌发对妈妈的关爱之情。

②了解胎儿在妈妈肚子里的生长过程。

③能与同伴分享自己在妈妈肚子里的趣事。

（3）材料解读：

①胎儿模型各个连接处的接口形状不相同，可引导幼儿正确操作。

②记录单上的图案与《胎儿发育过程》小书上的图案一致，便于幼儿操作。

(4)材料构成(见图2-332):

①胎儿模型,自制《胎儿发育过程》小书,记录单。

②布艺编筐,小纸盒。

图 2-332　材料构成

(5)操作步骤:

①将胎儿模型及《胎儿发育过程》小书从布艺编筐中取出(见图2-333)。

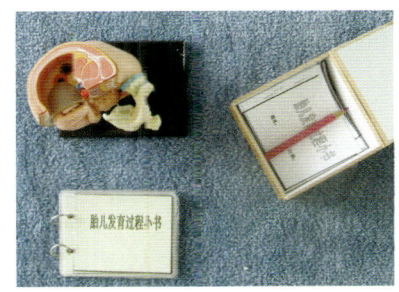

图 2-333　取出模型及小书

②翻看《胎儿发育过程》小书,了解胎儿在妈妈肚子里的生长过程(见图2-334)。

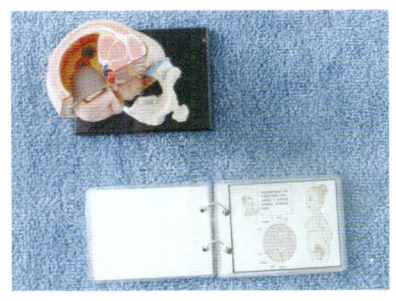

图 2-334　翻看小书

③观察胎儿模型,了解胎儿在妈妈肚子里的形状和位置(见图2-335)。

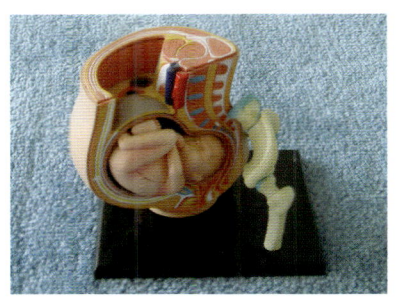

图 2-335　观察胎儿模型

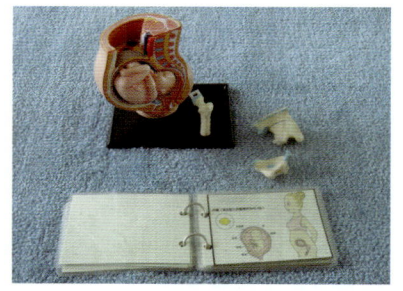

图 2-336　拆卸模型

④对照小书，将胎儿模型中的结构逐一拆卸下来（见图 2-336）。

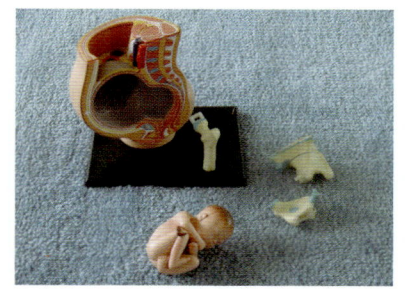

图 2-337　观察胎儿的形状

⑤仔细观察胎儿的形状（见图 2-337）。

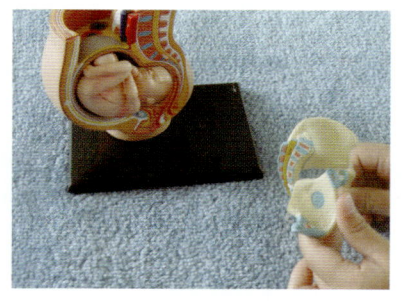

图 2-338　组装胎儿模型

⑥组装胎儿模型，查看各个接口是否连接正确（见图 2-338）。

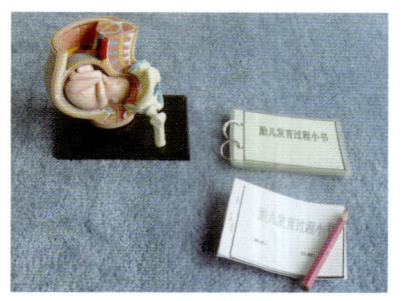

图 2-339　完成记录单

⑦对照小书和模型，完成记录单（见图 2-339）。

（6）适宜年龄：5—6岁。

（7）错误控制：胎儿模型各个连接处的接口形状相同，小书可提供指引。

（8）注意事项：教师提醒幼儿注意找准拼接口，不要用力拼接，以免破损。

（9）变化延伸：

①开展妈妈故事会，分享宝贝在妈妈肚子里的故事。

②请家长协助制作宝贝生长生命线，在班级布展。

（10）活动反思：

①随着年龄的增长，幼儿对自己是"怎么来的""怎么在妈妈肚子里长大的"越来越感兴趣，他们经常会提出一系列与性相关的问题。为了满足幼儿早期的性认知需要，我们大胆提供了这份材料，引导幼儿主动去探索自己出生的秘密。幼儿在观察和动手操作中获得了真实的体验，在自然的情境中接受了健康的早期性教育。

②结合绘本故事《小威向前冲》，增进幼儿对胎儿生长的认识和理解，通过与同伴交流和分享，发展幼儿的语言表达能力。

案例2-43

（1）活动名称：有趣的天平秤。

（2）活动目标：

①在摆弄操作中感受力的平衡，体验天平游戏的乐趣。

②了解天平秤的使用方法，感知砝码大小、重量与珠子数量的关系。

③尝试独立完成测量活动，能根据结果发现规律。

（3）材料解读：

①提供优质、准确的托盘天平秤，供幼儿操作。

②选择的粉色珠子要精美，且有一定的重量。

③制作1套数量卡，帮助幼儿区分不同砝码的重量。

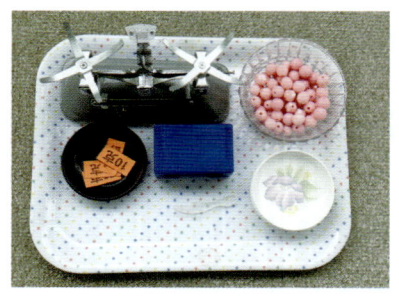

图 2-340 材料构成

（4）材料构成（见图 2-340）：

①托盘天平秤，砝码，镊子，粉色珠子若干，数量卡。

②托盘，小碗，碟子。

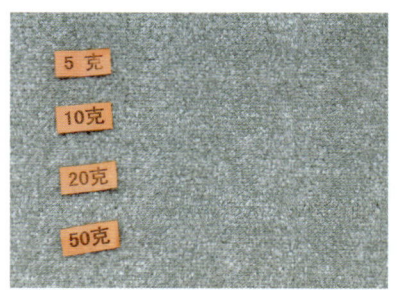

图 2-341 将数量卡排序

（5）操作步骤：

①认读数量卡，按数量从小到大的顺序排列（见图 2-341）。

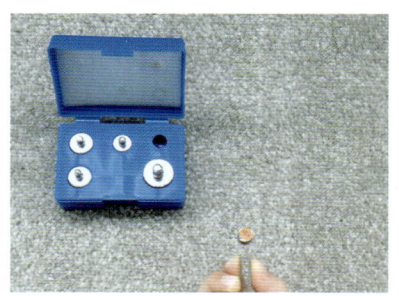

图 2-342 认识砝码

②用镊子取出 5 克砝码，用手掂量一下感知它的重量，翻看底部的数字，知道它的重量是 5 克（见图 2-342）。

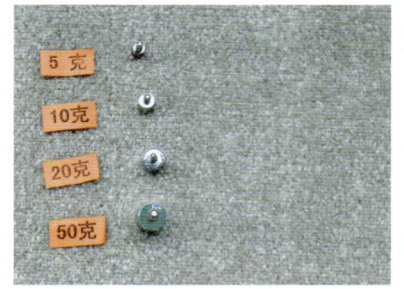

图 2-343 将砝码与数量卡匹配

③依次感知其他砝码的重量，将砝码摆放在对应的数量卡旁（见图 2-343）。

④取出天平秤,将指针调节到红线位置(见图2-344)。

图 2-344　调节指针

⑤把5克的砝码放于天平秤左边的盘中,往右边的盘中不断添加珠子,直到天平秤保持平衡(见图2-345)。

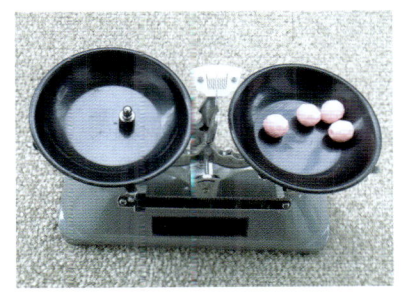

图 2-345　看看5克有多少珠子

⑥将称好的珠子用小碟子装好,放在数量卡左边,取下5克砝码,放在数量卡右边(见图2-346)。

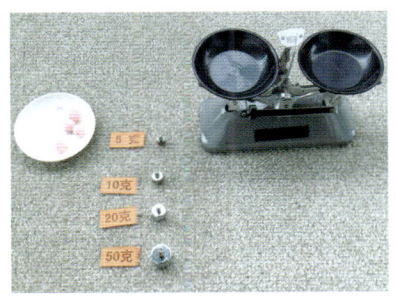

图 2-346　珠子、数量卡与砝码对应

⑦依此方法,探索其他砝码相当于多少珠子的重量,对比观察测量的结果(见图2-347)。

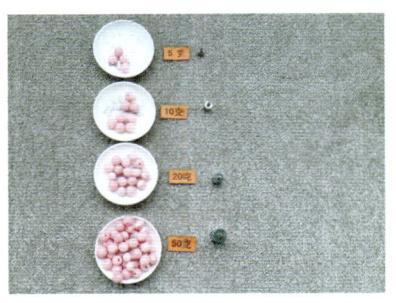

图 2-347　完成所有材料的对应

(6)适宜年龄：5—6岁。

(7)错误控制：每个砝码底部都标有它的重量，与对应的数量卡上的数量一致。

(8)注意事项：在操作开始前，教师要注意提醒幼儿将天平秤上的指针调到红线位置，使天平秤回到平衡状态。

(9)变化延伸：

①投放幼儿感兴趣的各种物品，用天平秤测量实物的重量。

②感知其他天平秤（如木质天平秤、杆秤、电子秤等）的使用方法。

(10)活动反思：

①利用自然物体进行测量活动已经不能满足大班幼儿的需要，他们对天平秤等精确的测量工具开始产生兴趣，而且具备了操作的能力。对于这份材料，在操作前将天平秤调整到平衡状态是保证测量准确的关键步骤，因此，教师应着重培养幼儿细致、规范的操作习惯，观察幼儿在调节指针时眼睛与指针是否在水平位置，调节是否准确，为接下来的操作做好准备。

②这份材料也适合两个幼儿合作完成，比如，一个幼儿测量，另一个幼儿记录操作结果。这样可提高幼儿的合作交往能力和语言表达能力。

案例2-44

(1)活动名称：彩虹水。

(2)活动目标：

①对溶解类的科学实验感兴趣。

②初步感知不同颜色、不同密度的溶液调制出的彩虹现象。

③能完整、清晰地讲述实验过程、实验结果和在实验中的感受。

(3)材料解读：

①提供用于调配各种溶液的清水杯、颜料滴管、盐等材料。

②提供蓝色、绿色、黄色、红色等各色颜料，便于呈现出彩虹的效果。

(4) 材料构成（见图2-348）：

① 水杯，蓝色、绿色、黄色、红色颜料试管6个，盐瓶，小勺，滴管，搅棒，毛巾。

② 大托盘，小盒子，小杯子。

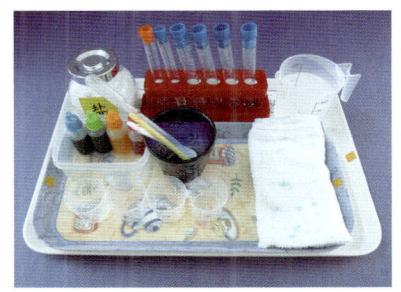

图2-348　材料构成

(5) 操作步骤：

① 从托盘中取出材料，拿滴管分别取10毫升的水，注入4个大小相同的透明水杯中（见图2-349）。

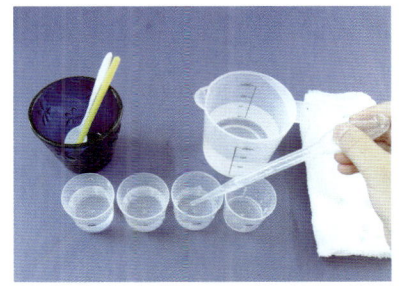

图2-349　往水杯中注入清水

② 分别往4个水杯里滴入蓝色、绿色、黄色、红色的颜料各1滴（见图2-350）。

图2-350　加入颜色

③ 向蓝色水杯中加入3勺盐，向绿色水杯中加入2勺盐，向黄色水杯中加入1勺盐，红色水杯中不加盐（见图2-351）。

图2-351　加入不同量的盐

图 2-352　搅拌盐和颜料

④用搅棒将杯中的盐及颜料充分搅拌，使它们变成不同密度的溶液（见图 2-352）。

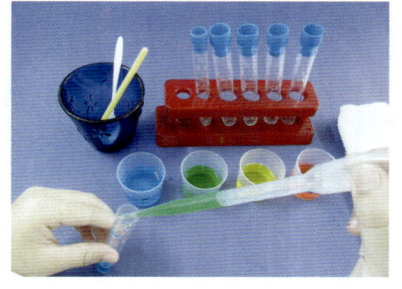

图 2-353　加入蓝色水、绿色水

⑤先用吸管取适量蓝色水滴入试管中，再注入适量的绿色水（见图 2-353）。

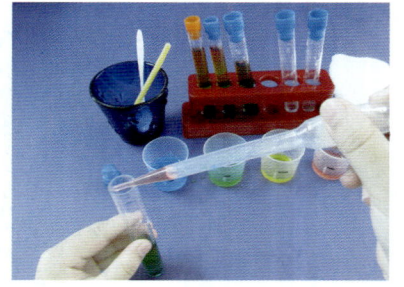

图 2-354　加入黄色水、红色水

⑥用同样的方法取适量的黄色水、红色水滴入试管中（见图 2-354）。

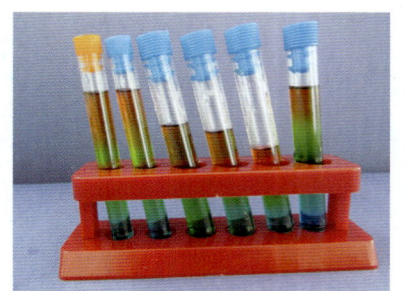

图 2-355　观察彩虹水

⑦观察不同颜色的水在试管中分层呈现出的彩虹现象（见图 2-355）。

（6）适宜年龄：5—6岁。

（7）错误控制：清水杯口有刻度线，向每种颜色的水中加入的盐的量不同。

（8）注意事项：在幼儿的操作过程中，教师要注意提醒幼儿按照要求向水杯中添加不同量的盐，并搅拌均匀。

（9）变化延伸：

①可以在不同的透明容器中进行彩虹水实验，增强美感。

②可尝试用雪碧、橙汁、可乐等饮料加糖做彩虹水实验。

（10）活动反思：

①溶解类的实验是大班幼儿非常喜欢探索的活动。幼儿通过实验操作和观察了解了彩虹水的原理，得出了结论：密度大的溶液下沉，密度小的溶液上浮。对于这一类实验要想操作成功，每一个操作步骤都要非常严谨，尤其是最后将每一层溶液注入试管的时候，教师需要提醒幼儿，不要摇晃或将试管倒立，否则溶液混合后密度会趋于一致，4种颜色就会混合在一起，这样彩虹现象就不会出现了。

②教师还应鼓励幼儿将观察到的实验材料、操作过程和实验结果用自己的方式记录下来，以此提高大班幼儿的实验表达能力。此外，这个实验也特别适合小组分工合作来完成，有助于培养幼儿的合作探究能力。

案例 2-45

（1）活动名称：水的酸碱。

（2）活动目标：

①对溶液和pH值测定的实验感兴趣。

②感知物体的酸碱性，知道酸碱性可以通过指示剂来检验。

③能区别物品颜色和形态上的细微差别。

（3）材料解读：

①提供几种生活中常见的实验物品——盐、糖、醋、洗衣粉、小苏打等，

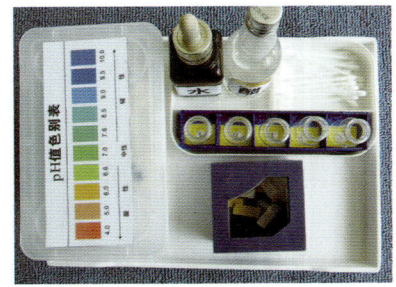

图 2-356　材料构成

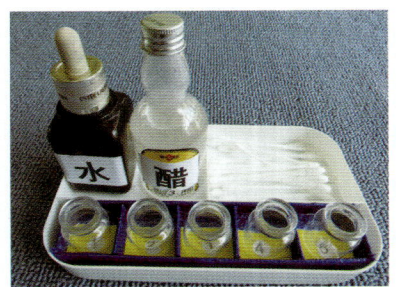

图 2-357　取出材料

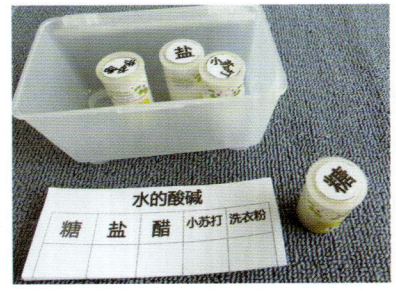

图 2-358　认识各种物品

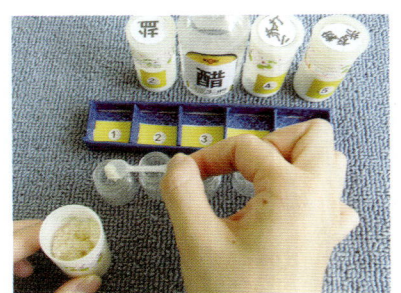

图 2-359　舀入玻璃瓶

分别用不同的盛器密封装好。

②打印一张标准的pH值色度表，帮助幼儿对比观察。

（4）材料构成（见图2-356）：

①盐，糖，醋，洗衣粉，小苏打，棉签，水若干，pH试纸条，pH值色度表，小勺子。

②托盘，玻璃瓶，小盒子。

（5）操作步骤：

①从托盘中将操作材料取出来（见图2-357）。

②分别取出盐、糖、醋、洗衣粉、小苏打及记录单，认识它们的名称（见图2-358）。

③用小勺将各种实验物品舀入透明的小玻璃瓶内（见图2-359）。

④除了装有醋的玻璃瓶外，往其他玻璃瓶里分别加入少量的水，将干粉溶解（见图 2-360）。

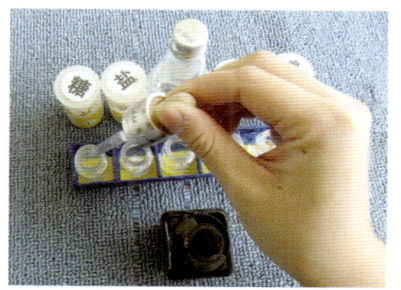

图 2-360　加入水，溶解干粉

⑤再取出记录单及 pH 试纸条，将 pH 试纸条粘贴到各种实验物品的名称下面（见图 2-361）。

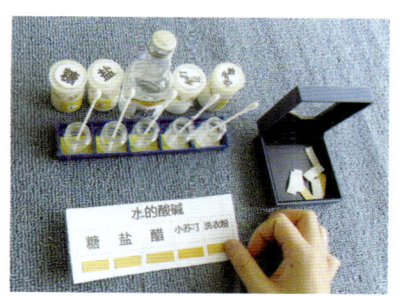

图 2-361　粘贴 pH 试纸条

⑥用棉签棒将混合液体充分搅拌均匀，并分别蘸取各种溶液，涂抹在试纸条上（见图 2-362）。

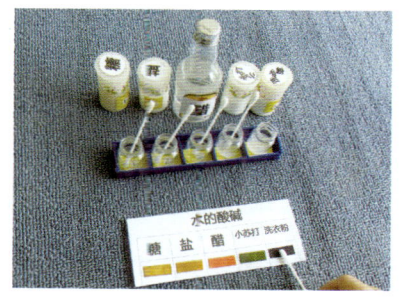

图 2-362　在试纸条上涂抹溶液

⑦观察每张试纸条上的颜色变化，对照 pH 值色度表，查验各种溶液的酸碱度（见图 2-363）。

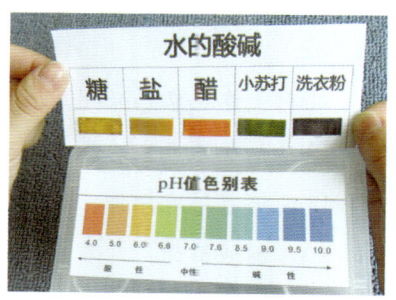

图 2-363　查验酸碱度

（6）适宜年龄：5—6岁。

（7）错误控制：装玻璃小瓶的盒子底部每格有数字标记，装实验物品的容器上也有数字标记。

（8）注意事项：在幼儿的操作过程中，教师要注意引导幼儿将装物品的容器按照数字对应摆放在玻璃瓶旁。

（9）变化延伸：

①测试各种饮用水或其他物品的酸碱性，让幼儿在多种操作中巩固认识。

②可增加水的酸碱记录单。

（10）活动反思：

①这是一个实验操作类的科学探索活动，教师选用的实验物品都是幼儿生活中熟悉的材料。在探究过程中，尤其是用试纸条检验之前，教师可以增加幼儿猜想环节，再通过验证得出的结论加深幼儿的印象，这不仅符合科学探究活动中的"问题—假设—验证—结论"这一探究过程，也可以激发幼儿强烈的好奇心和探究欲。

②由于幼儿以前没有接触过pH试纸条，所以，教师要让幼儿重点了解pH试纸条是一种比较特殊的酸碱指示剂，帮助幼儿学会正确的使用方法。

③在实验过程中，教师还要注意提醒幼儿轻拿轻放，有序操作，防止摔碎玻璃器皿，避免溶液腐蚀皮肤，等等。

案例2-46

（1）活动名称：气体的产生。

（2）活动目标：

①对气体现象感兴趣，愿意积极参与探索活动。

②感知气体产生的基本步骤，初步了解气体产生的原因。

③能够有序地操作、观察及整理实验物品。

（3）材料解读：

①提供1个干燥的小碗、等量的小苏打干粉和泡打干粉，用于实验。

②收集1个大小适中的医用注射器，去掉针头备用。

（4）材料构成（见图2-364）：

①小苏打干粉（含食用色素）、泡打干粉、白醋各一瓶，针筒，搅拌棒，小毛巾，自制《操作步骤图》。

②托盘，装干粉小瓶，装白醋小瓶。

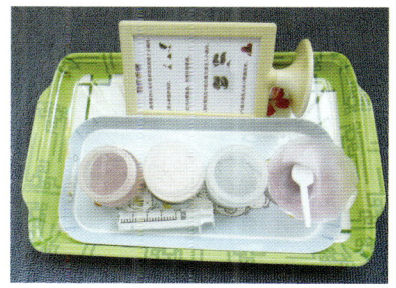

图2-364　材料构成

（5）操作步骤：

①仔细阅读《操作步骤图》指引牌，了解实验的具体步骤（见图2-365）。

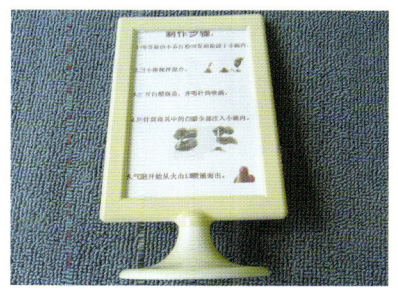

图2-365　了解实验步骤

②从托盘中取出实验材料，观察实验所需的所有物品（见图2-366）。

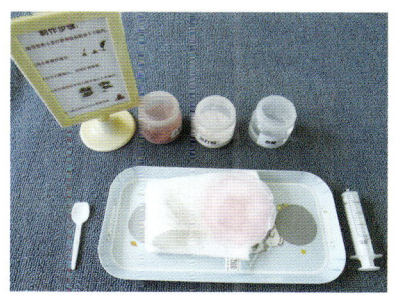

图2-366　观察实验材料

③分别取出小苏打干粉、泡打干粉、白醋、搅拌棒、小碗、针筒，认读材料名称（见图2-367）。

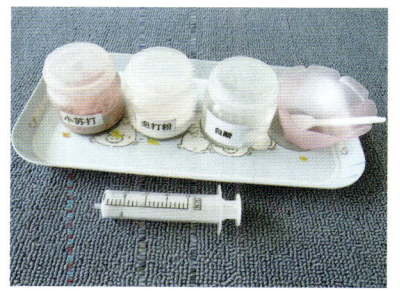

图2-367　认读材料名称

图 2-368　舀入 2 种干粉

④先舀 1 勺小苏打干粉放入小碗内，再舀等量的泡打干粉放入小碗内（见图 2-368）。

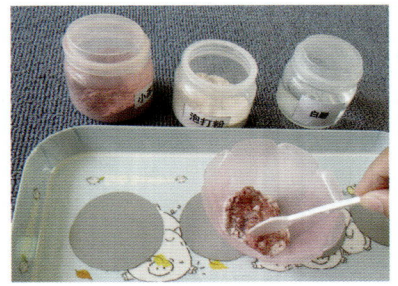

图 2-369　搅拌 2 种干粉

⑤将小碗中的 2 种干粉混合搅拌（见图 2-369）。

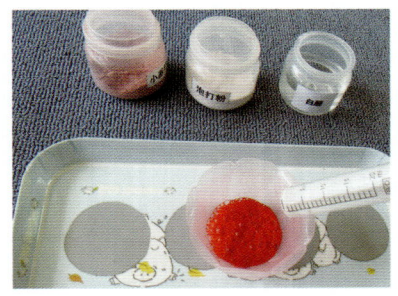

图 2-370　用针管注入白醋

⑥用针筒吸满白醋后，轻轻注入小碗中（见图 2-370）。

图 2-371　气泡产生了

⑦气泡开始从小碗内喷涌而出（见图 2-371）。

（6）适宜年龄：5—6岁。

（7）错误控制：小苏打干粉和泡打干粉是等量的。

（8）注意事项：装小苏打干粉和泡打干粉的瓶盖要易于揭开，确保幼儿不会打翻瓶子。

（9）变化延伸：

①记录每次实验的结果，并尝试分析原因。

②加入火山模型，进行火山喷发的实验。

（10）活动反思：

①这是一个对实验条件要求比较严格的科学小实验。在幼儿完成材料探索后，教师要检查全部材料的清洁与归位情况，重点关注实验器皿是否擦干，并确保瓶盖被拧紧，保持干粉干燥，以免潮湿的材料影响实验结果，养成幼儿良好的收拾整理习惯和严谨的科学态度。

②这个科学小实验对幼儿的动手能力、操作习惯提出了一定的要求。虽然我们为了保证幼儿的安全，提供的材料安全无害，但也要预防操作失误、让幼儿受到惊吓等意外情况的发生。因此，教师提供的勺子不要太大，以此来控制干粉的用量，避免太多的气泡产生；实验时，还要提醒幼儿安全操作，慢慢用针筒将白醋注入小碗，切勿将手直接放在小碗上方，以保证实验的顺利进行。

案例 2-47

（1）活动名称：纸筒的承重力。

（2）活动目标：

①体验纸实验的乐趣，积极参与探索活动。

②感知不同形状的纸筒与承重力之间的关系。

③能与同伴分享自己在纸实验中的探索发现。

（3）材料解读：

①准备3张长方形的彩色纸，用于折叠圆柱体、长方体、八棱柱。

②提供大小、厚薄一样的书本，用于测量和统计每种柱体的承重力。

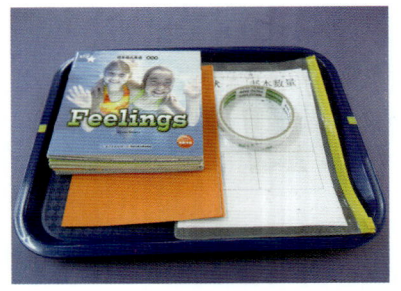

（4）材料构成（见图 2-372）：

①彩色纸，双面胶，书本若干，记录单。

②托盘，塑料袋。

图 2-372　材料构成

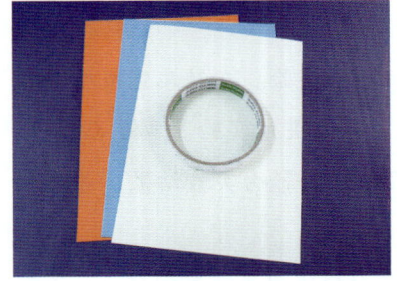

（5）操作步骤：

①从托盘中取出 3 张彩色纸和双面胶，准备制作纸筒（见图 2-373）。

图 2-373　取出彩色纸

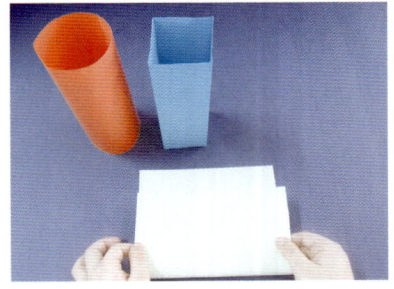

②分别折出圆柱体、长方体和八棱柱，用双面胶粘好接口处（见图 2-374）。

图 2-374　折好圆柱体和长方体

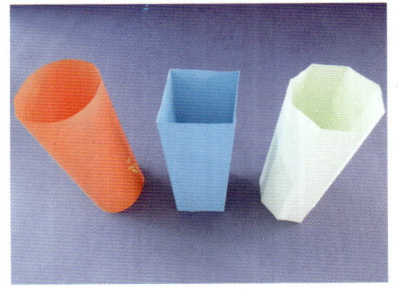

③折好 3 个柱体，然后仔细检查粘贴情况（见图 2-375）。

图 2-375　折好 3 个柱体

④在圆柱体、长方体、八棱柱上分别放上书本（见图2-376）。

图2-376　分别放上书本

⑤不断添加书本，观察3个柱体的承重情况（见图2-377）。

图2-377　不断添加书本

⑥数数每个柱体最多能放几本书（见图2-378）。

图2-378　数数书本的数量

⑦把每个柱体承重的最大数量登记在记录单上（见图2-379）。

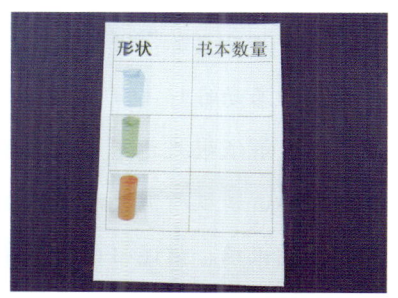

图2-379　统计纸筒的承受力

（6）适宜年龄：5—6岁。

（7）错误控制：用红、绿、蓝3种颜色的纸张制作3种柱体，便于幼儿观察、记录。

（8）注意事项：往柱体上添加书本时，教师应提醒幼儿轻轻摆放，并注意观察柱体的承重情况，如果柱体即将倒塌，就不能再继续添加了。

（9）变化延伸：

①再增加一些不同形状的柱体，如三角柱、六棱柱等。

②尝试用纸开展"力的传递"探索活动。

（10）活动反思：

①教师利用幼儿身边常见的材料——"纸"来设计探索活动，通过改变纸的形状，让幼儿感受纸的承重变化，活动的设计趣味性强、有挑战性，符合大班幼儿的认知需要。

②在活动中，为了激发幼儿的探究欲望，教师可鼓励幼儿大胆猜想什么形状的纸筒上放的书本最多，然后通过实验得出圆柱体承重力最大、长方体承重力最小的结论。利用预测、探索、得出结论的方法，可培养幼儿在探索活动中的目的性和计划性。

③这份材料的操作要求幼儿具有一定的折纸技能，能折出均匀、等边的各种柱体。对于折纸能力较弱的幼儿，教师要予以帮助，以保证探索活动的顺利进行。

案例2-48

（1）活动名称：造纸实验。

（2）活动目标：

①了解纸张来之不易，养成节约用纸的好习惯。

②知道造纸所需要的材料和工具，初步了解造纸的方法。

③能记录、讲述自己的探究过程和结果。

（3）材料解读：

①自制1本造纸实验小书，帮助幼儿了解造纸的方法和步骤。

②利用废旧的牛奶盒进行再生造纸实验。

③过滤网由3个部分组成：外框，一层硬塑料网，一层软塑料网。

（4）材料构成（见图2-380）：

①造纸小书，报纸，牛奶盒，刮纸器，压平器，过滤网，小勺和筷子，颜料，胶水，剪刀，毛巾。

②防水托盘2个，杯子，瓶子。

（5）操作步骤：

①阅读造纸小书，了解造纸的方法和步骤（见图2-381）。

图2-380 材料构成

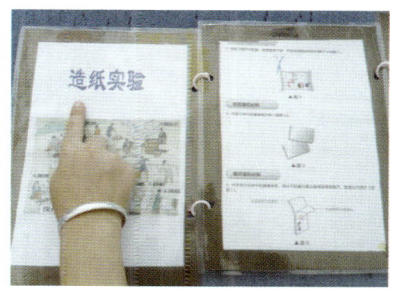

图2-381 阅读造纸小书

②将剪开的牛奶盒撕成薄片，放入盛好水的托盘中浸泡（见图2-382）。

图2-382 浸泡牛奶盒纸片

③取出另一个托盘，用刮纸器将浸泡软的纸片刮成碎纸泥（见图2-383）。

图2-383 刮成碎纸泥

图 2-384　添加配料搅拌

④将碎纸泥放入杯子中,再倒入 1 勺胶水、5 勺清水和几滴颜料,用筷子搅拌成纸糨糊(见图 2-384)。

图 2-385　倒在过滤网上摊平

⑤把过滤网放入盛水的托盘里,将纸糨糊倒在硬过滤网上,再用勺子摊均匀,然后盖上软过滤网(见图 2-385)。

图 2-386　用压平器按压挤水

⑥端起托盘滤干水分,用压平器把纸糨糊里的水按压出来(见图 2-386)。

图 2-387　吸干水分

⑦取出纸糨糊,压在毛巾中挤压水分,再去掉过滤网,把纸糨糊放在旧报纸中吸干水分(见图 2-387)。

（6）适宜年龄：5—6岁。

（7）错误控制：造纸实验小书中的操作指引。

（8）注意事项：浸泡前，请将牛奶盒的胶质层撕掉；操作结束后，用重物按压15分钟，然后拿掉湿报纸，放在空气中晾晒约2小时，一张再生纸就制成了。

（9）变化延伸：

①幼儿可以选择废旧报纸或其他废纸作为造纸原料。

②将再生纸投放到美工区，用于绘画等活动。

（10）活动反思：

①这份材料的操作步骤多，而且比较复杂，任何一个步骤操作失败都会导致造纸实验无法完成，因此，教师要提醒幼儿，仔细阅读实验小书，确保幼儿在理解的基础上再进行实验，并随时观察幼儿的操作情况。对于几个难点步骤，如刮纸、铺平、挤水等，教师可根据幼儿能力发展的不同给予适当帮助，通过观察和指引，培养幼儿认真细致的实验习惯和动手操作能力。

②安全操作是实验成功的关键和保障，教师应特别留意幼儿使用刮纸器的方法，提醒幼儿注意朝着远离手指的方向刮，避免刮伤自己，这一操作对幼儿手眼协调能力的培养非常重要。

③大班幼儿的合作能力增强了，教师可鼓励幼儿与同伴合作，采用拼接的形式制作大张的再生纸。

第三章
教师对幼儿的支持

科学区活动材料中，除了一部分是幼儿能借助于"各类"引导标识独自进行操作的科学认知材料外，还有一部分是幼儿根据所提供的材料进行开放性探索的科学探究实验材料。在幼儿进行科学区活动探索时，教师首先要为幼儿营造良好的、安全的心理环境及物质环境，基于不同幼儿的发展水平、选择内容和操作难度等个别差异，为幼儿提供足够的探究时间与空间，让其与材料积极进行互动。其次，教师既要注重面向全体，亦要关注个体，在全面、细致地观察每一个幼儿活动情况的同时，随时发现、分析出现的问题，反思、判断后，再适时介入，给予幼儿科学、有效的帮助和支持。最后，教师对幼儿在科学区的观察、评价不仅仅局限于一次单独的活动，而应该在一定的周期内，对幼儿在某一领域或内容方面的持续兴趣与发展进行跟踪、分析，把握幼儿的学习风格，发现幼儿的"最近发展区"，为幼儿的后续发展提供最佳支持方案。

第三章　教师对幼儿的支持

第一节　单次活动中教师的支持

单次活动中教师的支持是指教师基于对幼儿在单次活动中所选材料的内容及对材料进行操作的观察和分析，所做出的对幼儿的认知或行为有益的干预或帮助，以促进幼儿完成当次的操作活动或学习。教师在幼儿单次活动中所提供的有效支持，不仅对幼儿进行当次活动起到"点石成金"的作用，同时对幼儿后续探索材料的兴趣及积极性起着至关重要的作用。在此过程中，教师可能是"画龙点睛"的引导者，可能是"恰到好处"的合作者，也可能是"默默无闻"的支持者（见图3-1）。下面以某幼儿园三个年龄段的科学区活动案例及一个学习故事为例，向读者介绍教师如何根据幼儿不同的年龄特点采取不同的支持策略，从而有效支架儿童的主动学习。

图3-1　"默默无闻"的支持者

一、小班案例分析

在选择小班区域活动中教师对幼儿的支持案例时，前期我们在班级区域活动时间段进行常规活动摄像，后期对活动进行有针对性的观察，对活动中的幼儿行为表现及教师所采取的策略等进行翔实的文字记录。该案例选择了区域体系中的科学区作为呈现对象，通过对具体活动"科学区——科学探究——认识身边常见的动物——动物与食物"的开展情况做深入剖析，向读者介绍区域活动中教师如何根据幼儿的特点选取适宜的策略，帮助幼儿进一步发展。首先，教师除了对材料自身的设计特点进行分析外，还要从所观察和记录的现象着手开展有针对性的分析与总结——了解幼儿与材料之间的联系并思考幼儿行为产生的原因。其次，教师需选择、运用科学的策略或提供相应的材料，支持幼儿的后续学习和发展，充分发挥区域活动对幼儿良好发展的促进作用。

（一）幼儿班级：小班

（二）材料名称：动物与食物

（三）材料来源：《指南》3—4岁科学—科学探究—目标3的子目标"1. 认识常见的动植物，能注意并发现周围的动植物是多种多样的"

（四）活动实录（见表3-1）

表 3-1　小班幼儿科学区活动实录表

活动内容	幼儿行为	教师策略
幼儿进入科学区，选择活动材料	在科学区来回走动观察，寻找自己感兴趣的材料	教师远距离地观察幼儿的行为，悄悄来到幼儿身后，继续观察并思考幼儿所需的支持策略
幼儿请求教师协同取出活动材料	幼儿转身面向教师，请求教师与其共同选取活动材料	教师询问幼儿需要什么帮助，与幼儿共同选取材料并向幼儿介绍材料的名称
幼儿走到身旁的桌子前，选择一个座位坐好，教师操作材料，引导幼儿观察	幼儿坐好后，观察教师的操作	教师将材料取出放在桌子上，先演示操作开始部分，与幼儿互动，引导幼儿观察，了解材料的操作方法和规律
幼儿表示愿意尝试操作材料，教师在旁边观察，不时与幼儿进行积极互动	幼儿尝试操作材料，偶尔回望教师，希望得到教师的回应与肯定	教师观察幼儿并与其进行交流，当幼儿有需要时，给予幼儿及时的支持
幼儿在操作过程中遇到疑难，教师取出材料协助幼儿顺利完成，体验成功	幼儿能说出小狗喜欢吃肉和骨头，但在取出小草时停顿了一下动作，眼睛看着小羊和小兔，对把小草放在哪个位置更合适感到犹豫	教师取出胡萝卜材料，放在幼儿面前，引导幼儿观察对比：谁更喜欢吃胡萝卜呢

续表

活动内容	幼儿行为	教师策略
幼儿完成操作，整理材料，教师记录分析	幼儿完成操作，然后将材料整理到托盘中，最后放回到活动柜中	教师对幼儿的操作给予肯定，记录评价幼儿的学习过程，并为幼儿下一阶段的活动提供适宜的材料

（三）幼儿发展与教师支持

1. 幼儿学习品质分析

（1）针对幼儿发展的研究

案例中所记录的是刚入园两个月的小班小朋友。幼儿对所有材料都有强烈的好奇心，但是在选择材料时一般没有明确的目的性，容易受自身的兴趣爱好以及材料的颜色、图形和材质等的影响，因而，幼儿的操作和认知有一定的局限性。幼儿在对单份材料进行深入探究的过程中，会习惯性地依赖成人，请求教师陪伴，与其共同操作和分享，以期得到教师的支持并获得成功。

（2）基于教师行为的分析

幼儿受材料吸引，产生了操作的欲望和兴趣，但在行动时希望教师陪伴在身边，能与自己产生共鸣，从而获得快乐的体验。针对小班幼儿的年龄特点，教师及时给予其情感上的回应。在幼儿操作遇到疑难问题时，教师没有直接为幼儿指出正确答案，而是采取材料展示和问题引导等策略协助幼儿完成操作（见图3-2）。教师在小班幼儿区域活动开展的初始期，采取选择性陪伴，既满足小班幼儿的心理需求，又通过鼓励和引导逐步培养幼儿独立完成活动的品质，同时在幼儿需要帮助时给予及时的支持，让他们在愉悦的氛围中学习、运用观察和对比的方法，并逐步养成独立思考的习惯。

图3-2　教师指导幼儿操作

2. 幼儿领域发展分析

（1）针对幼儿发展的研究

幼儿在了解动物的外形特点的基础上，能说出几种常见动物的名称，学习各种动物的基本习性，如小猴子爱吃桃子。对于食草类动物（如兔子和小羊）的近似性，需要进一步明晰。

（2）基于教师行为的分析

教师能基于幼儿在操作现场的表现，发现幼儿已有的经验存在不足，对食草类动物（如兔子和小羊）近似的食物不易区分时，通过出示小草和胡萝卜两种材料引导幼儿进行观察和对比，鼓励幼儿独立思考，做出最佳操作选择。教师敏锐地捕捉到幼儿关键概念形成的过程，对幼儿进行了支持、记录和评价，反思并找出了幼儿下一步发展的支持策略，让幼儿在后续活动中继续保持热情和投入的学习状态。

二、中班案例分析

中班幼儿通过小班一年的区域活动学习，在独立性、专注性和动手能力等方面有了一定的发展。在选取中班的活动案例时，我们仍然以科学区作为呈现对象，通过对具体活动"科学区——科学探究——学习观察比较身边事物——交通工具"的开展情况做深入剖析，让读者更好地了解区域活动中教师对幼儿的有效支持。该案例中，教师针对中班幼儿的发展特点，尊重、理解幼儿，为他们创设探究的时间与空间，当幼儿的发展遇到阻碍时，教师及时以合作者的身份给予幼儿回应与支持。读者可以此了解小、中班幼儿在科学区的发展状况和差异，从而理解教师面对不同发展水平的幼儿所采取的相应策略，以实现区域活动对幼儿发展效果的最优化。

（一）幼儿班级：中班

（二）材料名称：交通工具

（三）材料来源：《指南》4—5岁科学—科学探究—目标2的子目标

"1. 能对事物或现象进行观察比较,发现其相同与不同"

(四)活动实录(见表3-2)

表 3-2　中班幼儿科学区活动实录表

活动内容	幼儿行为	教师策略
幼儿主动到科学区选择材料"交通工具"	幼儿独自在科学区材料柜前观察,然后选定了自己感兴趣的活动材料	教师站在活动室一角,观察教室里幼儿的工作情境和状态,了解幼儿是否需要教师的支持
幼儿选取较近的空位置坐下,观察并探索材料。教师在教室里来回走动,为有需要的幼儿提供指导和帮助	幼儿在身边的桌子旁坐下后,先打开材料盒,逐一观察了解材料,再试着操作材料	教师在教室里远距离地观察幼儿的操作情况,及时为有需要的幼儿提供帮助
幼儿在拼图过程中遇到问题,举手向教师示意自己需要帮助,教师及时来到幼儿的身边	幼儿从盒子中取出材料后,在拼飞机时,不能确定两个类似的图形哪个更合适,反复思考后,举手向教师示意自己需要帮助	教师看到幼儿举手示意后,及时来到幼儿身边,听幼儿讲述遇到的问题及想得到的帮助
教师与幼儿合作,让幼儿了解操作前材料的有序摆放及认真观察图卡并进行辨别的方法	幼儿和教师互动,共同探索材料并操作材料:先细心观察、对比,再有序进行分类排列,最后逐一在海、陆、空不同的场所中拼出来	教师引导幼儿观察材料,尝试从参照图卡中找到解决问题的方法,培养其有序排列材料的良好学习习惯
幼儿继续完成海、陆、空交通工具拼图和记录单,教师继续陪伴观察并兼顾其他幼儿的需要	幼儿继续探索材料,将拼好的交通工具图卡在磁性板上展示,继续认真完成记录单	教师继续陪伴观察幼儿操作至其开始完成记录单,在教室里来回观察,了解和帮助其他幼儿
幼儿完成操作后整理材料,将完成的记录单装订好后放到完成的筐中。教师进行观察记录和分析	幼儿整理材料并送回活动柜,自行用订书机装订自己的记录单后,继续寻找其他活动材料	教师在幼儿装订好记录单后,倾听幼儿对活动记录的分享,并对幼儿的记录单进行记录和分析,思考后续向幼儿推荐哪些活动材料

（五）幼儿发展与教师支持

1. 幼儿学习品质分析

（1）针对幼儿发展的研究

本案例所记录的中班幼儿，通过小班一年的区域活动学习，其独立性、专注性和动手能力都有了一定的提高。该阶段的幼儿，在材料的选择上有了小小的改变，除了熟悉的和操作相对简单的材料外，开始逐渐尝试一些操作流程较为复杂和具有挑战性的材料，当遇到困难和疑问时，能主动地寻求老师的帮助，从而获得成功的体验和快乐，树立自信。

（2）基于教师行为的分析

图 3-3 师幼合作探索材料

教师发现案例中的幼儿在科学区材料前徘徊、犹豫时，能尊重、理解幼儿，给予幼儿充分思考和选择的时间，只做远距离的观察和等待。当幼儿操作停滞、提出需要帮助时，能及时来到幼儿身边予以回应，引导幼儿清晰地表达自己的需要和所遇到的困难，想获得教师哪方面的帮助（见图 3-3）。教师以合作者的身份陪伴幼儿共同寻找和尝试解决问题的方法，通过引导幼儿学习有序分类摆放和观察图片，获得了操作的成功，培养了幼儿良好的操作和学习习惯。

2. 幼儿领域发展分析

（1）针对幼儿发展的研究

幼儿通过"交通工具"的材料操作，了解海、陆、空不同交通工具的名称及特点，探究各种主要交通工具的外形轮廓及基本结构，学习参照图卡拼摆常见的交通工具。

（2）基于教师行为的分析

教师观察该幼儿在活动材料探索现场的表现，在幼儿操作材料遇到困难需要帮助时，及时给予幼儿回应与支持。同时教师根据对所提供材料的难度把握等进行综合分析，与幼儿合作，帮助幼儿寻找问题的原因及解决的方法，通过观察、对比，了解各种交通工具的外形轮廓及基本结构特点，完成操作，促进了幼儿科学领域能力的发展。活动结束后，教师还针对幼儿的本次活动情况及能力发展现状，对幼儿进行分析与反思，为幼儿下一步的发展做好准备并提供适宜的科学区材料。

三、大班案例分析

随着年龄的增长和学习经验的累积，大班幼儿慢慢地对较为复杂的操作材料及有趣的科学探究材料产生好奇心和挑战心理。在选取大班的活动案例时，我们仍然以科学区作为呈现对象，以保证案例内容的递进性。针对大班幼儿的年龄特点及发展，通过对具体活动"科学区——科学探究——探索常见物理现象产生的条件或影响因素——压面机"的开展情况做深入剖析，从区域深度学习的角度，对区域活动中幼儿的行为进行观察和分析，从教师支持策略的思考和实施两个方面进行详细的文字记录，由此向读者介绍教师如何采取有效的支持策略促进大班幼儿在科学区活动中的深度学习，从而帮助幼儿形成良好的学习品质。

（一）幼儿班级：大班

（二）材料名称：压面机

（三）材料来源：《指南》5—6岁科学—科学探究—目标3的子目标"3. 能探索并发现常见的物理现象产生的条件或影响因素"

（四）活动实录（见表3-3）

表 3-3　大班幼儿科学区活动实录表

活动内容	幼儿行为	教师策略
幼儿选择材料的预备阶段	幼儿认真观察身旁的同伴完成此材料的操作流程及方法	在不影响其他幼儿操作材料的情况下，给予幼儿向同伴学习的时间与空间
幼儿自主选择科学区材料"压面机"	待同伴完成材料操作后，幼儿有目的地到科学区直接取出活动材料"压面机"	关注其他幼儿的同时，记录下幼儿的进区选择及所选材料的名称
幼儿观察材料，准备探索操作	幼儿从托盘中取出材料，准备探索拼搭压面机	教师关注其他幼儿的整体工作情况，给有需要的幼儿以活动支持
幼儿取出操作材料，尝试拼搭压面机的结构	幼儿将两个框架材料立在底板上并将长轴穿过框架孔，探索齿轮的安装	教师远距离地观察幼儿的操作情况，给予幼儿思考和探索的时间
幼儿组装后探索失败，请求教师帮助	幼儿组装好压面机的结构后，发现纸条无法从齿轮中穿过，形成波浪面条，举手向教师发出帮助信号	教师引导幼儿观察并思考齿轮结构的吻合度，鼓励幼儿进行调整，再次尝试
幼儿思考，尝试再次调整齿轮结构	幼儿与教师讨论出现的错误	教师在幼儿身旁观察并及时给予引导
幼儿成功完成齿轮结构的拼装，体验成功的乐趣	幼儿重新操作材料，调整齿轮上下位置，成功拼装压面机的结构，将纸条从一端输入，压出波浪形面条	教师在幼儿旁边观察，并陪伴幼儿解决所发现的问题
幼儿收拾、整理材料并与教师互动	幼儿收好材料，将纸盘里的面条作品与同伴分享	教师观察幼儿，分析记录幼儿在操作中调整操作方法、解决问题的过程，并及时与幼儿互动，鼓励幼儿勇于独自挑战并解决工作中的小难题

（三）幼儿发展与教师支持

1. 幼儿学习品质分析

（1）针对幼儿发展的研究

该案例所记录的大班幼儿，经过小、中班两年的区域学习，在区域活动中已积累了较为丰富的选择材料及操作材料的经验，基本上能在工作时间（40分钟）内相对专注而独立地完成所选材料的操作和探索。幼儿在平时的区域活动中，除了能体现自我喜好的区域特点之外，也善于通过观察和同伴的分享发现和选择其他区域里感兴趣的工作材料，具有初步的自我学习和挑战新材料的良好学习品质。

（2）基于教师行为的分析

根据大班幼儿的年龄特点及已有的材料操作水平的发展现状，在活动中，教师基于对幼儿操作现场的观察（见图3-4），灵活地给予幼儿个别的、适宜的和有针对性的指导。作为支持者，教师为幼儿提供向同伴学习的时间和空间，满足幼儿自主学习的需求和愿望；作为引导者，教师能适时地在幼儿需要帮助时，站在幼儿的身后，给予幼儿点拨式的提问和引导，激发幼儿思考，陪伴幼儿完成挑战，肯定幼儿的成功并为其提供支持后续发展的活动材料和策略。

图3-4 教师观察幼儿的操作

2. 幼儿领域发展分析

（1）针对幼儿发展的研究

幼儿借助于科学操作材料，运用多种感官学习和探究生活中常见的压面机模型组装方法，对于双齿轮联动的原理，还有待于进一步学习，动手组装技能有待于进一步加强。

（2）基于教师行为的分析

在本次活动案例中，教师为幼儿营造了良好的心理环境，尊重幼儿对学习内容的选择，在观察的基础上及时发现问题和幼儿的需要，并给予适当的帮助，引导幼儿通过自我思考和学习获得成功的体验，幼儿对科学区后续的探究产生了强烈的兴趣和内在的学习动机。

第二节　科学区学习故事

幼儿在教师有准备的区域活动中，能根据自我发展的不同学习节奏、兴趣偏好，选择相应的个体发展的活动材料，从而在操作和探究的过程中获得对自我需求的满足感、丰富多样的体验及快乐的成功感等。幼儿在科学区活动中的每一次活动，即其学习轨迹中的一个节点，如果把许多节点连接起来，不难发现儿童学习的足迹和发展趋势。作为幼儿学习的观察者、合作者和引导者，教师需要在活动中用"火眼金睛"发现幼儿每一次有发展意义的节点，将其记录下来，辅以分析和反思，并为幼儿提供足以支撑其后续兴趣和发展的材料，就这样通过反复观察、记录、分析和支架，形成幼儿在科学区发展的学习故事。

一、教师记录方法

区域活动是体现幼儿自主学习及个别化教育的最佳课程模式之一，教师在记录学习故事时，先要对班级幼儿的发展水平及科学区所投放的材料等情况进行综合分析，再选取幼儿单次活动现场或阶段性活动的状态进行有针对性的观察，最后教师以文字、表格、照片及视频等呈现方式，从活动现场记录、教师观察描述、教师评价过程、下一步发展建议和支架发展材料五个维度对幼儿科学区的活动进行追踪观察、科学记录、综合评价，并根据结果对幼儿后期的发展提出更高的期望，以确保他们在原有基础上得到发展。

(一)情况分析

一百名幼儿就有一百种语言,每一名幼儿都是独特的,在科学区的学习故事中,每一名幼儿都是故事中的主角,讲述着他们不一样的经历和不一样的精彩。教师在记录幼儿的学习故事时,应对幼儿的发展水平、兴趣爱好及学习风格有所了解,并根据《纲要》和《指南》中对幼儿在科学领域的知识和能力要求进行分析,以发现幼儿在科学区的最近发展区,从而全面、科学地记录和分析幼儿在科学领域中的当前学习状态以及阶段性的学习轨迹。

(二)记录时间

这里所说的时间,从长度上可以分为周期记录时间和当次记录时间。

1. 周期记录时间

幼儿的学习发展并不像轨道列车那样持续、匀速地向某个方向发展,而是具有一定的不规则性及不确定性,例如,班级中相同年龄的男、女幼儿对科学区的兴趣时效不一,相同性别的幼儿对科学区内容的选择态度不一,不同的幼儿对科学材料的探究程度不一。因此,教师所记录的科学学习故事的周期是自幼儿入园一直到出园期间。在这一时期内,教师有目的、有计划地根据幼儿进入科学区活动的时间,以及幼儿对材料操作、实验观测和问题调查等有持续兴趣或进行连续探究等关键现象,有选择性地开展观察、记录、分析、反思,以此促进幼儿在园期间科学领域的能力得到最佳发展。

2. 当次记录时间

相对周期记录时间而言,当次记录时间较为短暂,可简单地理解为幼儿一次区域活动的时间,一般为30~50分钟,因幼儿的兴趣、材料操作步骤及探究难度等因素而有所差异。当次记录从幼儿计划选择某一科学区材料开始,到幼儿选取、操作、探究、记录以及最后收拾整理并将材料送回原位为止,幼儿做出这一系列行为所用的时间,都应纳入当次记录时间范畴之内。

（三）记录内容

科学区学习故事的内容，由基于幼儿为突破某一方面的能力或解决某一问题，在区域活动中所开展的相互关联且有连续记录意义的系列探索活动组成。

1. 活动现场记录

活动现场记录旨在真实、直观地向读者呈现幼儿进行区域活动操作的过程和状态。教师基于对幼儿在科学区活动中关键行为和事件进行的完整过程观察，通过文字、图表、照片以及音像记录等多种形式，同时结合幼儿的学习记录单或作品，记录和呈现幼儿学习和发展的轨迹，便于教师进行下一步的分析及处理。

2. 教师观察描述

在幼儿进行科学区学习的过程中，教师通过观察，以照片、影像或文字等方式进行翔实的描述和记录，能较全面而客观地将幼儿的学习过程保留和再现。尤其是在幼儿进行科学实验探究的过程中，不同的实验方法与所得出的实验结果有着直接和必然的联系。教师在幼儿的探究过程中观察并发现的其成功与失败的关键细节，以及幼儿在此过程中表现出的某些特殊行为和良好品质等，都是教师观察、记录的重点。

3. 教师评价过程

教师评价是基于对幼儿当次活动的观察、描述，本着客观、科学的原则，实事求是地对幼儿进行的分析与评价，它既体现出教师对幼儿行为的理解，又是支架幼儿后续发展的前提，具有重要作用。在科学区活动中，教师可以从以下两方面着手对幼儿进行评价：一方面，可以就幼儿对科学领域内容的学习情况进行评价，如对科学概念的认知、与材料的互动及动手能力等；另一方面，可以对幼儿良好的学习品质（如专注力、坚持性以及问题解决能力等）的发展进行评价。

4. 下一步发展建议

基于以上的观察、了解及对幼儿发展水平的分析，为幼儿在科学区的学习提出科学、合理的下一步发展建议，是对教师专业水平的考验。以科学区为例，教师在下一步发展建议中，既要从幼儿的现有水平及兴趣出发，还要考量幼儿在该领域学习的最近发展区，最后还要制作或提供能帮助幼儿达到下一发展目标的相应操作材料，以支持和促进幼儿在后续一段时间内的学习和发展。

5. 支架发展材料

支架发展材料是帮助幼儿突破难点、促进发展的关键性材料，它自身与科学区其他的材料相比并没有差异性和特殊性，只有教师在对幼儿进行观察、分析、评价的基础上，准确把握幼儿学习中的疑难关键点、兴趣转折点及能力提升点，并为幼儿的后续发展起到支架作用，才能真正体现支架发展材料的意义和价值。教师在科学区提供的对幼儿起支架发展作用的材料，有时是教师计划内的，仅需要将已有的后备材料取出并相应调整科学区原有的材料结构即可；有时则是计划外的，教师需要针对幼儿的发展，及时制作和投放相应的材料，以保证幼儿的后续发展。

二、教师记录案例

以下我们所提供的案例，是一位大班教师在发现、捕捉本班一名幼儿对水的探究敏感期后，于一个周期内在科学区活动现场对该幼儿进行翔实的观察和记录，做出有针对性的分析和反思，并依据结果为幼儿制定和提供后续发展的活动方案和材料，随着幼儿的发展进程反复进行观察记录、分析反思、制订计划的一个跟踪案例。

（一）幼儿情况分析

观察班级：莲子 Q 班

观察教师：D 老师

幼儿：A 小朋友

出生日期：2012 年 5 月 23 日

入园日期：2015 年 9 月 1 日

幼儿分析：

A 小朋友是一个已在莲子 Q 班就读两年的男孩，该幼儿平时性格开朗、喜欢阅读，对生活中的新奇事物表现出强烈的兴趣，喜欢追着身边的成人询问"为什么"。A 小朋友通过在生活区、数学区和语言区等区域两年的学习和操作积累了丰富的经验。他升入大班后，在活动区表现出较强的动手能力，对每一份操作材料都能有序地摆放及操作，并能在简单文字的指引下对材料进行综合分析和推理，找出操作规律。学期初教师发现，在玩水区操作"水车转起来"的材料后，他一直对水流为什么能让水车转动的问题有着较强的兴趣。于是，教师抓住 A 小朋友想对水进行深入探究的敏感期，充分尊重和满足幼儿的探究愿望，将其引入科学区。教师在科学区已有材料的基础上，观察该幼儿的兴趣发展，研究他的"最近发展区"，及时科学地为其调整、制作和增添满足其学习与成长需要的材料，以支持、激发幼儿与新材料互动的兴趣和积极性。在幼儿的操作过程中，教师重点、客观地观察幼儿表现出的状态、获得的进步及遇到的问题等，进行分析与反思，肯定幼儿在科学区对"水"的已有认知结构基础、自身学习风格及优势条件发展等，同时也发现了幼儿在探究过程中存在的不利因素、产生的问题及兴趣转移等。针对分析结果，教师在科学区后续的活动中，为其提供了激发探究兴趣，支持深度学习的良好环境和氛围及物质材料，以促使该幼儿在区域活动中逐步形成良好的学习品质，为其未来的学习和成长奠基。

（二）教师支持实录

区域活动中幼儿自主选择了"压水井"的活动材料。他根据材料的引导，先用蓝色水盆接好水，将水倒入水井器内开始压动把手，发现水井口压不出水。接着他又试着往里倒了两次水，反复操作探究，其中对水井器内的阀门运动观察了几次。最后，他将水从水井口成功地压了出来。幼儿立即与身边的同伴分享了自己的成功体验。

幼儿在活动中能依据材料的引导独立对材料进行有序操作。在探究的过程中对于自己发现的失败现象，他能通过细心观察和思考，分别通过增加水量及调整下压把手的力度和速度，以解决水井口不出水的问题，最终获得了实验的成功。幼儿目前对阀门运动所产生的出水原理产生了浓厚的兴趣，教师可引导幼儿做进一步的深入探究。

基于幼儿现阶段对"压水井"材料探索中阀门运动产生水流的浓厚兴趣，教师下一步可引导幼儿进一步探索其他关于水与气压的实验材料，如"连通器""龙卷风"和"水往玻璃上爬"等材料，鼓励幼儿通过实践和观察，发现和思考水与不同气压产生的不同现象及其原理。

水往玻璃上爬
连通器
龙卷风
……

活动影像记录

教师观察描述

教师评价过程

下一步发展建议

支架发展材料

记录时间：2017-09-19　　材料名称：压水井

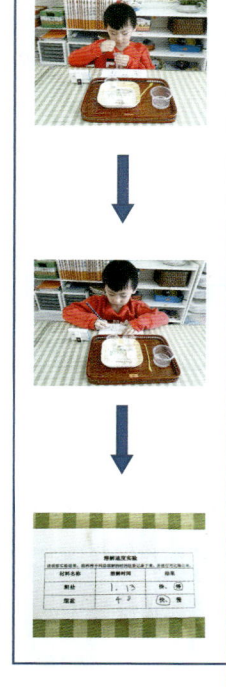

今天幼儿尝试操作的是"溶解实验"的材料。他取出材料先观察了一下，然后将盛水盒按指引线装好水，开始对粗、细两种不同的食盐进行探究。他每一次取相同量的食盐放进相同量的水中后开启计时器，他不停地搅拌，待食盐全部溶解后再停止计时。最后，他将时间结果分别记录到记录单上：细盐——48秒、粗盐——1分13秒。

幼儿在操作材料前，能对材料进行观察，再逐步依照材料的引导开展有序操作，已初步养成良好的操作习惯。在操作过程中可看出：幼儿对溶解概念已有一定的认知，在操作中能尽量做到保持食盐与水量的一致性，对科学实验有着初步的严谨态度。

为了满足幼儿对有关水实验的浓厚兴趣，依据目前幼儿对溶解的经验，在下一阶段的区域活动中，教师可引导幼儿尝试操作"饮水鸟"和"水搬家"等材料，了解虹吸原理，或通过操作"制作简易滤水器"和"浮水画"等材料，了解水的过滤分离原理，鼓励幼儿在生活中尝试运用以上方法来解决各种问题。

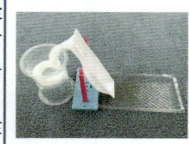

饮水鸟
水搬家
制作简易滤水器
浮水画
……

活动影像记录 → 教师观察描述 → 教师评价过程 → 下一步发展建议 → 支架发展材料

记录时间：2017-10-13　　材料名称：溶解实验

第三章　教师对幼儿的支持

今天幼儿主动选择了"浮力实验"的材料。也先按照记录单的提示，取出木棍材料放入小塑料桶中，观察水平后在记录单上记录"6"。然后，他将小桶放入盛水盆中，可是试了几次水桶都容易在水中歪倒。后来他示意教师需要帮助，教师随即与其一起探索，将木棍均匀地摆放并解决问题后，幼儿继续独立完成操作探究，并将结果记录在记录单上。

幼儿对"浮力实验"所提供的材料及操作方式表现出浓厚的兴趣，今天基本上能以专注的状态完成此份材料的操作。通过对材料的探究，幼儿能发现相同的物体在空气中和在水中的测量结果存在差异，并得出物体在水中更轻一些的结论，初步形成浮力的概念。幼儿在操作过程中遇到疑难，在自己反复尝试后，能及时、主动地寻求教师的帮助，具有较强的解决问题的能力。

根据幼儿现阶段对浮力现象的认识及其发展水平，教师可引导他尝试探究其他与浮力相关的材料，进一步了解生活中的各种浮力现象及其原理，如通过探究"改变沉浮"的材料，观察不同物体在水中沉与浮的现象。教师也可鼓励幼儿思考如何运用其他的辅助材料改变物体在水中沉与浮的原有现象，激发幼儿探索科学问题的兴趣。

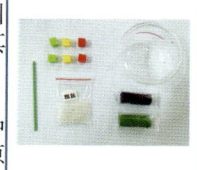

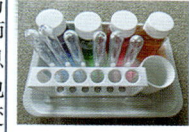

改变沉浮
彩虹水
沉浮章鱼
……

活动影像记录

教师观察描述

教师评价过程

下一步发展建议

支架发展材料

记录时间：2017-11-14　　材料名称：浮力实验

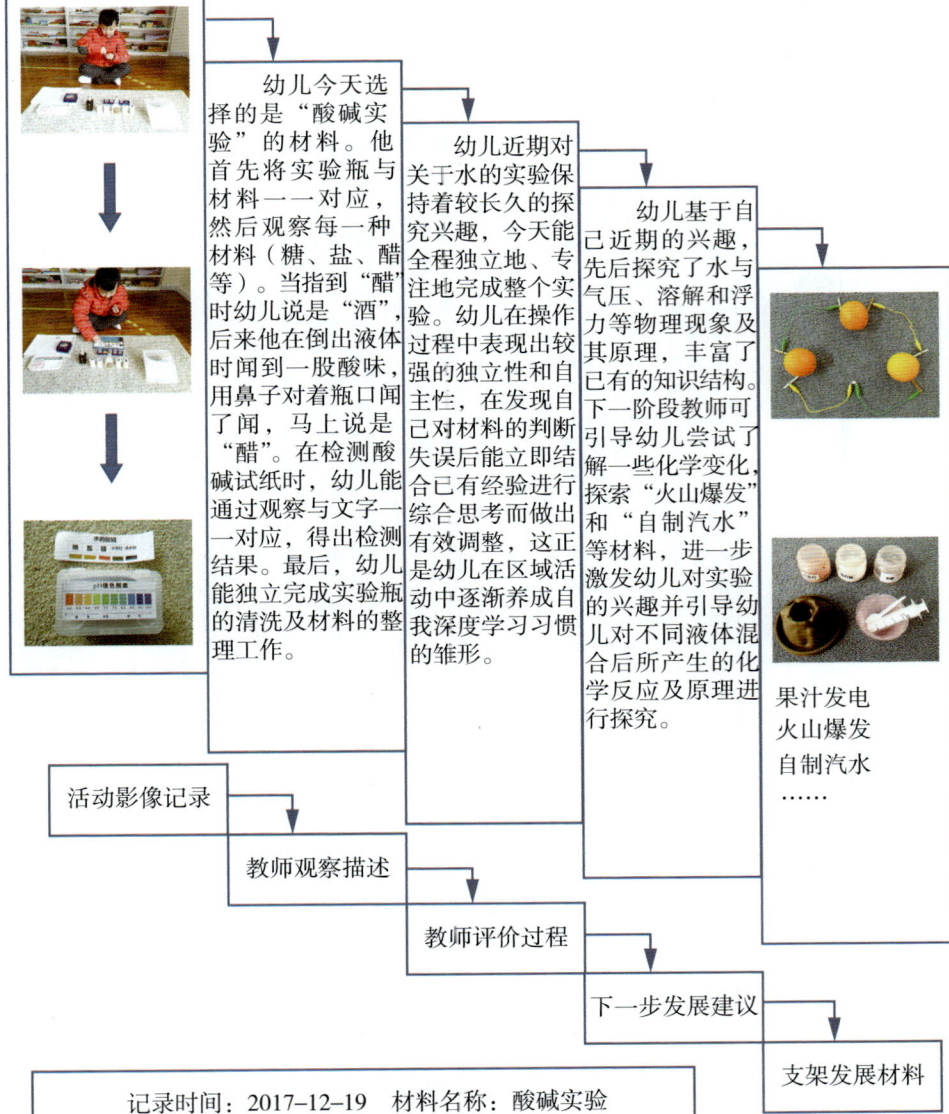

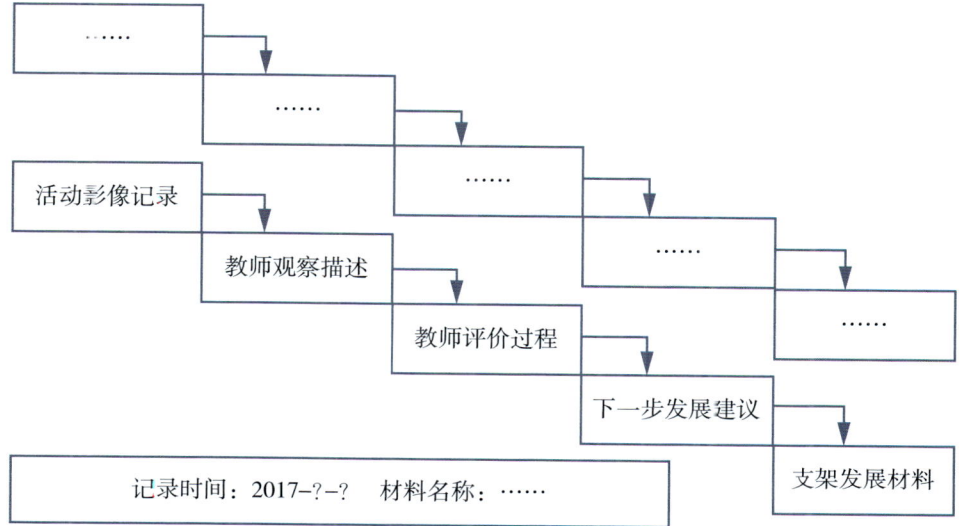

本案例所摘录的是莲子Q班A小朋友个人成长档案中科学区部分的内容，通过抽取以上若干阶段的案例作为代表，以幼儿在科学区中对关于水的材料的探究为脉络，细致地从幼儿对材料产生兴趣并与之互动、教师对幼儿操作的观察及对其能力的思考、教师对幼儿活动的评价及教师对幼儿后续发展的材料及经验支架等多方面的信息，详细地向读者介绍幼儿园课程中教师如何通过科学区活动材料的提供及调整，来促进幼儿在科学领域的学习与发展。

以上记录呈现的是2017年9月到2017年12月期间，A小朋友在幼儿园大班科学区进行关于水的探索的部分案例。在他的成长档案中，这一阶段还存有他探索其他区域的材料的记录。为了让记录线索更为清晰、明确，教师只进行了单一区域的介绍，其他区域的记录不再一一呈现。

第四章
科学区活动评价

幼儿园教育评价的重要性及相关的要求在《纲要》中有较为明确、完整的说明。《纲要》指出："教育评价是幼儿园教育工作的重要组成部分，是了解教育的适宜性、有效性，调整和改进工作，促进每一个幼儿发展，提高教育质量的必要手段。"在幼儿园的区域课程中，评价也有着非常重要的意义，它与有准备的环境、区域活动的实施一起构成了完整的幼儿园区域课程。评价的过程，是教师运用专业知识审视课程实践，发现、分析、研究、解决问题的过程，也是其自我成长的重要途径。

《幼儿园区域活动——环境创设与活动设计方法》一书中提出："教师应当选择贴近幼儿生活和幼儿特别感兴趣的探究内容，给予幼儿安全的操作环境和支持性的心理氛围，鼓励幼儿探究自己、探究外界，了解物体和材料的物理特性、相互关系和有趣的科学现象。"科学区设有专门的知识体系和目标体系、操作材料。科学区的内容分为生命科学和物理科学两大部分，具体涵盖了动植物、人体、声、光、电、磁力、机械原理、重力及空气等各个方面。科学区的评价一般从评价方式和评价对象两个视角来进行，具体落实到"科学区材料评价方式"和"科学区幼儿活动评析方法"两个方面。

第四章 科学区活动评价

第一节 科学区材料评价方式

幼儿学习科学是通过动手操作、实验探索等活动，将科学现象、科学知识的核心概念转化为本体经验的过程。在科学区材料的投放中，应该充分考虑幼儿年龄和个体之间的差异，做到步骤清晰地、目的明确地、有层次地呈现和投放材料。教师在评价科学区材料时，也应该根据《纲要》的要求，做到以幼儿为本，基于幼儿的兴趣和发展水平，从材料的投放、材料的开发、材料的设计以及材料的调整等多方面进行综合性评价，努力达到评价内容详细、评价过程严谨、记录数据真实、评价结果有效的目标。

一、科学区材料的评价内容

教师在科学区为不同发展水平的幼儿提供各种适宜的区域材料和探究工具，让幼儿按照自己的兴趣、需要及方式去了解科学常识，通过操作各种学习材料在探索、体验、尝试中去认识和了解客观世界，在操作性学习中获取科学知识，获得个性品质的发展。因此，教师对科学区材料的评价主要从"材料投放是否体现适宜性和层次性""材料提供是否体现引导性和探究性""材料设计是否凸显挑战性和设疑性""材料调整是否尊重幼儿的现有发展水平"等方面开展评价。

（一）材料投放是否体现适宜性和层次性

幼儿的思维能力是在与环境的交互作用中发展的，科学区的实践操作活动是这种交互作用的重要方式。在科学区投放适宜的、层次性凸显的操作材料，能够让幼儿与材料积极地发生作用，建构自己的科学知识，对真正实现区域的教育功能，促进幼儿的发展起着至关重要的作用。在科学区材料的投放中，我们认为，应该充分体现材料的适宜性和层次性。

1. 材料的适宜性

在适宜性方面，投放的材料要内容丰富，保证每个幼儿都有自己感兴趣的材料。科学区的材料大多源自幼儿的生活，以认识周围事物和现象为主，投放的材料包括以下几个方面的具体内容：常见的动植物，常见的物体，常见的物理现象，天气与季节变化，科技产品和环境及其与人们生活的关系。在每一个大的方面都有相关的具体内容，例如：在认识动植物方面，涉及的内容有动植物的多样性、生存和生长变化的基本条件、动植物对环境的适应性、动植物的生长周期与繁殖等；在常见的物理现象方面，涉及的内容有物体和材料的形态或者位置及其变化条件，如斜面与物体的运动、沉浮、磁力、光和影子等常见物理现象及其产生的条件或者影响因素等。针对这些具体内容，教师会提供相应数量的操作材料作支撑，应该根据班级幼儿的发展水平及实际需要投放充足的材料。小班幼儿年龄小，有意注意持续的时间较短，还没有养成良好的探究习惯，小班科学区的材料数量相比中、大班会少一些，一般会控制在 10 份以内；中班幼儿思维的灵活性和创造性得到了一定的发展，已经能够运用简单的工具进行实验和探究，教师为中班幼儿投放的科学区材料数量多了许多，通常在 24 份以内；随着大班幼儿的专注力、持久性、学习能力的提高，他们对科学探究的精细程度也提高了很多，考虑到大班幼儿的学习特点，教师投放科学区材料时，在数量和难度上都会有所增加，操作材料一般会增加到 32 份左右，以低结构材料为主，幼儿在与材料互动的过程中感知、体验、探究和发现，以此获得相关的科学认知经验。

2. 材料的层次性

众所周知，一个班级中的幼儿，各自有着不同的兴趣、爱好、性格及学习特点，每个幼儿在能力水平和发展速度上也存在一定的差距。因此，教师在投放科学区材料时，应该遵循由浅入深、从易到难的原则，把握好班级幼儿的不同需要，力求将最近的教育目标与材料的功能准确对应起来，努力做到同一目标下分解出若干个与幼儿现阶段的发展最为吻合的操作材料,并将操作材料分为几个层次,随着目标和要求的逐步提高分期、分批进行更新投放,让幼儿在不断的新鲜刺激下做到有层次、有目标地学习。

(二) 材料提供是否体现引导性和探究性

为了让幼儿在操作科学区的材料时,更好地达到尝试操作、发现问题、解决问题的目的,教师为幼儿提供的科学区材料都具有引导性和探究性。科学区材料的引导性和探究性密不可分,探究性能保证幼儿与材料之间充分地相互作用,而引导性能保证幼儿在探究中获得符合教育目标的发展。

所谓材料的引导性,是指教师提供的材料能够引导幼儿做出"成品",具有引导性的材料能够真正保证教育目标的实现。教师在开发材料时,将大部分的指导以物化的方式隐藏在材料中,让材料本身带有引导的特征。如,在设计和制作小班科学区"水果和蔬菜"的操作材料时,为了帮助幼儿正确区分水果和蔬菜,教师将知识目标和操作引导物化到了分类底板中,将底板设计成萝卜和西瓜的形状,以代表水果和蔬菜,幼儿操作时会不由自主地将水果放到西瓜的底板上,将蔬菜放到萝卜的底板上。在整个操作过程中无须教师过多的语言上的指点,幼儿只需要在材料的引导下按照自己的理解完成操作即可。

既然引导性与探究性两者之间是紧密相连的关系,在评价材料的探究性时,就要注意以下几点:首先,应该考量为幼儿提供的材料是否为"半成品材料";其次,材料是否具备让幼儿动手动脑的条件,为幼儿留有思考和探究的空间;最后,要评价幼儿在与材料的互动中,是否能够通过材料的引导将一份"半成品材料"制作成一份成品材料,并获得相关知识经验。如:在中班科学区"沉与浮"材料的操作中,教师为幼儿提供各种能够沉下去与浮起来的材料以及实验的相关工具,并为幼儿创设一个可以开展沉浮实验的操作环境,让幼儿在动手实验的过程中思考物体沉下去与浮起来的原因,并将探究结果以自己喜欢的方式记录下来。这种探究性学习的过程能够引发幼儿无数的猜测、想象与反思，使幼儿在探究中获得更多的科学认知经验。

（三）材料设计是否凸显挑战性和设疑性

基于科学区需要运用多种感官、多种形式进行探究的特点，科学区材料与其他区材料最大的区别是，科学区材料凸显了挑战性和设疑性。维果茨基的"最近发展区"理论指出："教师的教学活动不能停留在儿童的现有水平上，教师的教学应该引起、激发、启动幼儿一系列的内部发展过程，让其进行思考和探索，完成相对其现有水平而言更高层次的知识水平。"因此，在材料的设计中，教师将"最近发展区"的理论运用到材料的挑战性和设疑性方面，最大限度地激发幼儿的探究欲望，使他们通过自己的努力达到更高的认知水平。

科学区材料具有挑战性，会涉及各种实验操作活动，幼儿在操作器材、思维想象、理解记忆等方面需要面对不同的挑战。如大班科学区"彩虹水"的操作材料，教师提供的材料中有各种颜色的色水、颜料试管及实验用的小勺、滴管和小瓶子，幼儿在实验过程中需要接受各种挑战，包括各种实验器材的使用、彩虹水的配色比率、小器皿的安全操作、实验结果的正确记录方式，等等。在这一过程中，幼儿难免会弄脏衣服、弄坏实验器材，这种看似破坏性的行为实际上是幼儿正常的探究过程，教师应该予以接纳和尊重，及时对材料进行更新，这样才能确保幼儿在探究中有所发现并获得经验。

科学区材料还具有设疑性。如小班"好玩的磁铁"材料的操作活动中，教师为幼儿提供夹子、钥匙、铃铛、回形针、积木、橡皮擦、卡纸、弹珠等用于实验操作的材料，提供强力磁铁棒、分类底板、相关字卡等实验用的辅助工具，提出磁铁能吸什么、不能吸什么的材料目标，鼓励幼儿带着疑惑去进行探究实验。通过反复的科学小实验，幼儿会发现，并不是所有的物品都能够被磁铁吸住，只有铁质的物品才能被吸住。在这个过程中幼儿历经了很多次失败，也做出了许多思考，通过与这份设疑性材料的互动，幼儿懂得了磁铁具有相吸、相斥、磁力的传递、磁力的大小等特点以及铁质物品的特质。

这种问题式材料的设计能够让幼儿在掌握知识的同时获得更多解决问题的方法。

（四）材料调整是否尊重幼儿的现有发展水平

在科学区评价内容中，材料调整的先决条件来自幼儿现有的科学认知水平以及在与材料的互动中所获得的发展。教师在幼儿活动的过程中，需要把握好以下评价原则：首先，评价的途径源于教师对幼儿的活动进行观察、倾听、询问等，并及时发现和确定幼儿的真实想法和认知水平；其次，评价的内容包括对幼儿对材料的情感、幼儿与材料互动的态度、幼儿相关知识经验的获得、幼儿各方面能力的提升等方面进行的观察和记录；再次，评价的数据包括幼儿与材料的互动频率、对材料的喜爱程度、探究过程中的专注程度、个别学习与合作学习中解决问题的方式、操作过程的顺利程度以及材料目标的达成等多方面，这些数据一般来自教师的观察记录文字、数据、图表以及对幼儿活动的摄影摄像、幼儿的记录单等；最后，当教师对班级幼儿的发展有了比较全面的了解后，为了尊重幼儿的发展，再次对科学区的所有材料进行审视与归类，重新做出新的调整与增减，为幼儿后续的发展提供更为有力的条件。

科学区材料调整的过程也是教师反思自己教育教学工作的良好契机。在调整材料时，就情感而言，教师应该充分考虑到幼儿的个体差异，为每一个幼儿提供适宜的操作材料，让其有充分发挥潜能的机会。使调整后的材料能助力他们在已有水平上得到应有的发展；就材料本身来说，教师应该从幼儿发展的评价数据中发现材料设计中的优势以及存在的不足，从观察记录中发现区域活动中幼儿互动最频繁的材料、独立操作成功率较高的材料、幼儿不愿意触及的材料等，并分析出各种情形发生的原因，再基于原因进行有目的、有针对性的调整。例如，从小班的评价数据中教师发现，幼儿与"指纹档案"这份材料互动的频率最低，原因是这份材料的设计中有许多不足之处：其一，整份材料从内容选择到操作步骤对于小班幼儿来说难度过大；其二，小班幼儿以具体形象思维为主，对抽象的"指纹"没有清晰的概念；其三，这份难度过大的材料不利于探究性学习，会让幼儿失去自信心和成就感。因此，材料要根据幼儿发展水平的变化、幼儿新的学习需求、幼儿兴趣爱好的改变、材料中体现出的不足适时、适度、适量进行调整与完善，让幼儿在与后续材料的互动中体验、探索，操作、验证，感受到动手动脑的成功与快乐，让后续材料真正起到支架幼儿主动学习的作用。

下面是小、中、大班科学区材料评价表（见表 4–1、见表 4–2、见表 4–3）。

表 4–1　小班科学区材料评价表

评价内容 材料名称	材料投放是否体现适宜性和层次性	材料提供是否体现引导性和探究性	材料设计是否凸显挑战性和设疑性	材料调整是否尊重幼儿的现有发展水平
水果和蔬菜				
动物的尾巴				
找影子				
谁的脚印				
小动物长大了				
我的身体				
我的五官				
手指宝宝				
沉浮游戏				
透光小实验				
好玩的磁铁				
会游泳的蛋				
……				
……				
……				
……				

表 4-2 中班科学区材料评价表

评价内容 材料名称	材料投放是否体现适宜性和层次性	材料提供是否体现引导性和探究性	材料设计是否凸显挑战性和设疑性	材料调整是否尊重幼儿的现有发展水平
树的嵌板				
果蔬的切面				
玉米的生长				
鸟的嵌板				
野兽和家畜				
动物过冬				
青蛙的一生				
指纹档案				
爱护牙齿				
食物的旅行				
人的一生				
蜡烛熄灭了				
灯泡发亮				
水的浮力				
纸桥实验				
笼中的小鸟				
……				
……				
……				

表 4-3　大班科学区材料评价表

评价内容 材料名称	材料投放是否体现适宜性和层次性	材料提供是否体现引导性和探究性	材料设计是否凸显挑战性和设疑性	材料调整是否尊重幼儿的现有发展水平
美丽的叶子				
十二个月开的花				
种子生长				
显微镜下的秘密				
害虫和益虫				
动物的食物				
食物链				
胎生和卵生				
我们的眼球				
人体骨骼				
人体器官				
我的血型				
健康饮食金字塔				
我在妈妈肚子里				
有趣的天平秤				
彩虹水				
水的酸碱				
气体的产生				
纸筒的承重力				
造纸实验				
……				

二、中班科学区材料评价表举例

在前面的文字中，我们对科学区的材料评价目标、评价内容、评价方式和评价步骤等方面进行了较为详尽的描述，以下将呈现一份莲花二村幼儿园某中班教师记录下的完整科学区材料评价表（见表4-4）。教师按照科学区所提出的评价要求，从材料投放是否体现适宜性和层次性、材料提供是否体现引导性和探究性、材料设计是否凸显挑战性和设疑性、材料调整是否尊重幼儿的现有发展水平四个方面，对班级幼儿在科学区的活动进行了全面跟踪观察，记录下幼儿与材料之间互动的真实情况，确保分析过程的多样性、实效性和动态性。教师通过这份评价表，精准地分析出材料的优势与不足，为科学合理地管理区域活动、及时调整区域材料提供了有力的依据。

表 4-4 中班科学区材料评价表

班级：莲子 e 班　　　　　　　　　　　　　　　　　　　　幼儿人数：35 人

评价内容 材料名称	材料投放是否体现适宜性和层次性	材料提供是否体现引导性和探究性	材料设计是否凸显挑战性和设疑性	材料调整是否尊重幼儿的现有发展水平
树的嵌板	材料内容适于中班幼儿，材料设计了两个层次，能满足不同幼儿的发展需求	材料具有探究性，幼儿能够通过材料的引导在反复尝试的过程中完成正确拼嵌	大小嵌板的数量较多，需要幼儿举一反三才能完成操作，具有一定的挑战性	可以根据幼儿的能力高低、发展水平适当提供参照板，及时调整材料的难度
果蔬的切面	在幼儿对果蔬已有一定认识的基础上投放这份材料，适于幼儿的认知经验	在探究中幼儿会发现，材料中字卡颜色和果蔬底板颜色一致才能完成操作	果蔬的横切面和竖切面需要幼儿充分思考、大胆想象，然后提出问题	在操作中，根据幼儿的实际操作情况进行难度调整

续表

材料名称＼评价内容	材料投放是否体现适宜性和层次性	材料提供是否体现引导性和探究性	材料设计是否凸显挑战性和设疑性	材料调整是否尊重幼儿的现有发展水平
玉米的生长	材料具有可操作性，幼儿很喜欢，能够满足幼儿的认知需求	为幼儿提供玉米在不同生长时期的标本体现了材料的探究性	观察不同生长时期玉米的不同，材料操作具有挑战性	在后续活动中，鼓励能力强的幼儿动手制作玉米标本，满足其发展需求
鸟的嵌板	从植物到动物，适宜幼儿的年龄特点	材料采用不同的颜色，代表鸟的不同身体部位，具有引导性	材料操作需要幼儿反复尝试及自我检查，具有设疑性	在简单的动物嵌板上增加难度，符合幼儿的发展水平
野兽和家畜	材料选用仿真动物，有利于幼儿理解野兽和家畜的不同	运用不同的场景，能有效地引导幼儿正确操作	在探究中，需要反复分辨才能正确区分野兽和家畜，操作过程具有挑战性	根据班级幼儿的掌握情况，在后续材料中应适当增加动物的数量
动物过冬	材料的投放符合中班幼儿的年龄特点	提供不同情境的底板，能帮助幼儿理解动物过冬的特点	需要反复操作和多次自我检查，有挑战性	在后续材料中增加3种过冬的动物，能满足幼儿的探索需求
青蛙的一生	材料的投放符合本年龄段幼儿的认知发展水平	为幼儿提供仿真的池塘场景，更有利于幼儿理解青蛙的生长过程	用不同生长时期的仿真青蛙进行操作，极具挑战性	后续可提供蝴蝶等不同动物的生长过程，丰富幼儿的科学经验

第四章 科学区活动评价

续表

评价内容 材料名称	材料投放是否体现适宜性和层次性	材料提供是否体现引导性和探究性	材料设计是否凸显挑战性和设疑性	材料调整是否尊重幼儿的现有发展水平
指纹档案	材料的投放适合中班幼儿对自己身体各部位的探究	为幼儿提供放大镜观察指纹和用印油拓印指纹,具有探究性	在操作中要区分指纹的细微差别,对幼儿来说,挑战性很强	在感知自己指纹的基础上,了解家人和朋友的指纹,能加深幼儿对指纹的深层了解
爱护牙齿	投放此份材料与中班年龄段的卫生保健要求相宜	创设一种真实的情境让幼儿操作,能激发幼儿的探究热情	在操作中,通过多次探究和自我设疑,区分健康牙齿和龋齿	在后续活动中,幼儿将通过操作获得的经验运用到生活中
食物的旅行	材料能够满足幼儿对"食物去哪里了"的好奇心和探究欲望	提供真实的人体消化器官图片,能帮助幼儿较好地开展探究	将图片与消化器官的名称正确摆放,材料的操作具有一定的挑战性	随着幼儿能力的提升,可逐步延伸到骨骼和关节等部位
人的一生	材料的投放能体现幼儿科学探究的适宜性与不同层次的需要	用人一生各阶段的图片进行操作,对幼儿起到了很好的引导作用	操作中要将人的生长发育图片排序,对幼儿有挑战性	后续针对幼儿的兴趣,可将此内容作为主题活动来开展
蜡烛熄灭了	亲自动手实验的过程符合本年龄段幼儿的学习特点	实验中不同颜色的蜡烛和玻璃杯的大小体现了材料的引导性和探究性	观察蜡烛熄灭的时间以及沙漏的变化过程,具有挑战性和自我设疑性	鼓励幼儿在生活中尝试更多的让蜡烛熄灭的方法

续表

评价内容 材料名称	材料投放是否体现适宜性和层次性	材料提供是否体现引导性和探究性	材料设计是否凸显挑战性和设疑性	材料调整是否尊重幼儿的现有发展水平
灯泡发亮	投放这份材料能够很好地激发幼儿的探究兴趣	提供真实的电路实验元件,能够引导幼儿开展探究性的实验	在组装过程中会有各种情况出现,对幼儿来说,需要及时纠错,材料具有挑战性	提供后续材料时,可根据班级幼儿的总体发展水平适当增加材料的操作难度
水的浮力	投放操作性强的材料有助于丰富幼儿的科学经验	提供有数字的测量器,能引导幼儿区分不同螺母在水中的重量	材料设计具有挑战性,幼儿需要有一定的耐心才能完成材料的操作	可以提供更多的物品让幼儿进行测量,丰富幼儿有关沉浮的经验
纸桥实验	真实的、多样的实验材料对中班幼儿来说,具有层次性	提供的材料能够满足幼儿动手实验与真实探究的兴趣	材料设计蕴含了各种让纸桥站稳的方法,具有挑战性和设疑性的特点	鼓励幼儿继续在提高纸桥的稳固性方面进行探索性研究
笼中的小鸟	在游戏中完成操作的形式符合中班幼儿的学习特点	笼子和小鸟的操作卡片能引导幼儿观察到有趣的现象	材料设计有电动和手动旋转台,幼儿在操作中需要挑战难度	后续可以将小鸟卡片更换成扇子及其他图片,区别不同的动态效果
……				

第二节　科学区幼儿活动评析方法

《幼儿园区域活动——环境创设与活动设计方法》一书中曾经指出："在教学实践中，一般从评价方式和评价对象两个不同的视角开展区域课程评价。"教师在评价科学区幼儿活动时，通常会关注幼儿在活动中的行为表现及发展变化，主要从幼儿所表现出来的显性因素和非智力因素两方面进行，其中显性因素包含幼儿的活动状态、活动中的行为表现以及幼儿与材料的互动效率等，非智力因素中需要关注幼儿的情感、坚持性、专注度、学习需求与探究欲望等学习品质。这种评析方法伴随着幼儿的整个活动过程，能够达到《纲要》中所提出的"全面了解幼儿的发展状况，防止片面性，尤其要避免只重视知识和技能，忽略情感、社会性和实际能力的倾向"这一要求，从而促进幼儿的和谐发展。

一、科学区幼儿活动评析内容

科学区幼儿活动的评析以量表的形式呈现，相比测试式的评价，教师会采用一种自然的评价方式。在幼儿区域活动中，教师通过持续了解幼儿与材料互动的情形，真实记录下幼儿的各种行为，全面、客观地评价幼儿在情感、态度、能力、知识方面的发展情况，了解、分析他们的发展水平与学习需要，适时对幼儿的行为进行干预，并有针对性地调整教育教学策略。这种伴随着整个活动过程的评析方式，既确保了评价过程的全面和有效，又有利于促进每个幼儿的发展，达到了提升科学区教育价值的目标。

在幼儿活动评析表中，包含有评析对象的姓名、性别、所在班级、所在区域、所操作材料的名称、本次活动的操作时间、指导教师、评议者和表格的记录日期。评析主要围绕情感、态度、能力和知识四个方面来进行，会根据小、中、大班幼儿能力及发展水平的不同，设计出不同的评价维度及参考分值。教师在观察幼儿的活动时会根据表格中提供的评价要点来给出评价分值，最后根据各项目的得分进行综合评价，通过综合考量得出等级。

情感方面：对科学区幼儿情感方面的评价主要从选择材料的主动性、活动中与同伴相处、对教师的信任程度这三个维度来进行。教师所设计的考评内容，对小、中、大班幼儿的要求各不相同，随着幼儿年龄的增长，评价的要求也日趋复杂。比如：在与同伴的关系方面，教师对小班幼儿提出的要求仅仅局限于"能与同伴友好相处"；而到了中班，基于中班幼儿爱交往、喜欢探索的特点，教师提出了"在教师引导下合作完成科学区材料探索"的较高要求；对于大班的幼儿来说，他们积累了非常多的社会交往经验，在同伴交往方面主动、大方了很多，因此，教师提出了能够"自发与同伴合作探索科学区材料"的更高要求。从以上列举的评价标准可以看出，为了更加全面地了解幼儿的发展状况，教师致力于评价的真实性及实效性，并以此为依据有指向性地对每个幼儿提出个性化的指导建议，适时调整教育策略，促进幼儿的学习主动性、同伴合作能力以及良好师生关系的发展。

态度方面：基于《指南》中所提出的"重视幼儿的学习品质"的要求，在进行态度方面的评价时，教师主要从幼儿的专注力、坚持性以及克服困难的能力等方面进行综合评价，评价内容也同样体现出"评价内容相同，不同年龄段的幼儿评价标准不一"的特征。如：在评价幼儿克服困难的内容中，对小班幼儿的评价标准是"能在教师的鼓励下克服困难完成材料探索"，充分尊重了幼儿的发展水平和年龄特点；中班则要求幼儿"能借助于同伴或教师的力量克服困难，完成科学区材料探索"，不仅对幼儿的主动性和社会性提出了要求，同时还对中班幼儿做事情的专注力和坚持性提出了要求；随着评价标准的提高，对大班幼儿提出了"能想办法克服困难，完成科学区材料探索"的要求，大班幼儿在遇到困难时需要自己想办法解决问题，并能够做到在较长的时间内独立完成材料的操作。通过对态度方面的评价，可帮助幼儿逐步形成积极主动、认真专注、不怕困难、敢于探究和尝试、乐于想象和创造等良好的学习品质。

能力方面：幼儿在科学区活动中的能力主要指幼儿与材料互动中的动手操作能力、发现问题及解决问题的能力、自我学习与反思能力。教师在科学区为幼儿提供大量用于科学探究的操作性材料，让幼儿在与材料的互动中通过个别化学习、合作式探究等方式，学会在探究中思考问题，在探究中认识周围事物和现象，尝试进行简单的推理和分析，发现事物之间的明显关联。科学区不同于其他区域的是，基于科学区材料的独有的"挑战性和设疑性"特点，有很多材料的操作需要幼儿通过实验完成，面对实验中出现的种种情形，幼儿需要做到举一反三，及时对自己的操作有一个反思、评估、设疑、修正与挑战的过程。如在中班科学区"灯泡发亮"的实验中，为了感知灯泡发亮的秘密，幼儿需要尝试探索物体的导电过程，在幼儿探索的过程中，难免会有各种各样的情况发生，当安装的电路出现故障时，幼儿需要带着疑问对整个操作过程进行判断与评估，通过回顾操作步骤、反思操作过程找出问题所在，修正后再次进行探究。此时，教师需要对幼儿的整个自我学习与自我反思过程进行观察记录，对幼儿所表现出来的各项能力做出相应的评价，这能为后续活动中对幼儿进行有针对性的个别指导提供依据，让每个幼儿各方面的能力在原有基础上获得不同程度的提高。

知识方面：评价的主要内容为幼儿在与科学区材料的互动中是否通过材料的操作掌握了系统性的知识。科学区材料有较强的知识体系，内容丰富。科学区材料中涵盖着生命科学与物理科学两大类型的知识内容，在每一个知识内容中，都包含不同的子知识内容，在每一个子知识内容下都需要有不同的知识点来支持幼儿的科学探究学习。如：在生命科学的材料中，包含了植物、动物、人体等方面的内容，就植物而言，需要了解植物的名称、生长的过程、生长所需的条件以及与环境的关系等相关知识，这些知识的习得需要幼儿在操作材料的过程中来完成。要想评估幼儿是否获得了这些知识，在幼儿与材料互动的过程中，教师需要通过观察记录对幼儿知识经验的运用与相关知识的吸收程度、知识经验的分享与拓展等方面进行综合性评价。教师通过此项目的评价，能够较好地掌握班级幼儿的科学认知情况、探索发现水平、知识迁移能力，以便更好地提供后续材料、调整教学策略，从而达到更好地引发幼儿探究性学习的目的。

小、中、大班幼儿科学区活动评析表如下（见表4-5、表4-6、表4-7）。

表 4-5　小班科学区幼儿活动评析表

幼儿姓名：　　　　　　性别：男　女　　　　所在班级：小_____班
所在区域：　　　　　　材料名称：　　　　　　操作时间：
指导教师：　　　　　　评议者：　　　　　　　日期：

项目 要点	评价项目要点	评价分值 参考最高分值	评价实际分值
情感（30）	1. 能在教师引导下选择科学区材料	10	
	2. 能与同伴友好相处	10	
	3. 需要时能接受教师的帮助	10	
态度（20）	1. 能在教师引导下专注地完成科学区材料探索	10	
	2. 能在教师鼓励下克服困难完成材料探索	10	
能力（30）	1. 能自主选择自己喜欢的科学区材料	15	
	2. 能在教师引导下有始有终地完成科学区材料探索	15	
知识（20）	1. 了解科学在生活中的作用	10	
	2. 基本了解小班科学区知识与经验	10	
各分项目得分	情感	态度	能力	知识	总分
综合评价	优秀（85—100分）	良好（75—84分）	合格（60—74分）	不合格（60分以下）
等级水平				
分析评价结果				
教育策略的调整与改进				

表 4-6　中班科学区幼儿活动评析表

幼儿姓名：　　　　　　性别：男　女　　　　所在班级：中_____班
所在区域：　　　　　　材料名称：　　　　　　操作时间：
指导教师：　　　　　　评议者：　　　　　　　日期：

要点 项目	评价项目要点	评价分值	
		参考最高分值	评价实际分值
情感（30）	1. 能自主选择科学区材料	10	
	2. 在教师引导下合作完成科学区材料探索	10	
	3. 需要时能主动寻求教师的帮助	10	
态度（20）	1. 能在材料引导下专注地完成科学区材料探索	10	
	2. 能借助于同伴或教师的力量克服困难，完成科学区材料探索	10	
能力（30）	1. 能有条理地完成科学区材料探索	15	
	2. 能挑战有难度的科学区材料	15	
知识（20）	1. 能将科学经验运用于生活中	10	
	2. 基本掌握中班科学区知识与经验	10	
各分项目得分	情感	态度	能力	知识	总分
综合评价	优秀（85—100分）	良好（75—84分）	合格（60—74分）	不合格（60分以下）
等级水平				
分析评价结果				
教育策略的调整与改进				

表 4-7 大班科学区幼儿活动评析表

幼儿姓名：　　　　　　性别：男　女　　　　所在班级：大_____班
所在区域：　　　　　　材料名称：　　　　　　操作时间：
指导教师：　　　　　　评议者：　　　　　　　日期：

要点项目	评价项目要点	评价分值 参考最高分值	评价分值 评价实际分值
情感（30）	1. 能根据自己的发展需要选择适宜的科学区材料	10	
	2. 自发与同伴合作探索科学区材料	10	
	3. 主动邀请教师合作探索科学区材料	10	
态度（20）	1. 不受环境干扰，独立完成科学区材料探索	10	
	2. 能想办法克服困难，完成科学区材料探索	10	
能力（30）	1. 能主动完成对多重而步骤复杂的科学区材料的探索	15	
	2. 能根据自身需要均衡地选择科学区材料	15	
知识（20）	1. 能主动将科学知识进行归纳与迁移	10	
	2. 能熟练运用大班科学区知识与经验	10	
各分项目得分	情感	态度	能力	知识	总分
综合评价	优秀（85—100分）	良好（75—84分）	合格（60—74分）	不合格（60分以下）
等级水平					
分析评价结果					
教育策略的调整与改进					

二、基于小、中、大班幼儿评价内容的分析

综合分析以上小、中、大班科学区幼儿活动评析表的内容不难发现,每个年龄段评析的项目虽然都有"情感、态度、能力、知识"四大内容,但是教师会基于不同年龄段幼儿的年龄特征和认知方式,制定出具有差异性的评价项目要点。以科学区"能力"方面的评价项目要点为例,教师在制定相关的评价内容时,紧紧围绕"帮助幼儿建立初步的科学探究能力"这一依据。评价小班幼儿的能力发展水平时,从选择区域材料和完成材料探索两个方面,只提出了"能自主选择自己喜欢的科学区材料"和"能在教师引导下有始有终地完成科学区材料探索"这两个最基本的要求;而对于中班的幼儿,在能力评价方面,相比小班幼儿来说要求提高了许多,他们不仅要"能有条理地完成科学区材料探索",还要"能挑战有难度的科学区材料";大班幼儿的知识经验和各方面的能力日趋成熟,评价他们的能力发展水平时,要求他们"能主动完成对多重而步骤复杂的科学区材料的探索",还要"能根据自身需要均衡地选择科学区材料",实现能力方面的大幅度提升。教师在评价的过程中也将以评价项目要点为标准,针对每个幼儿在科学区活动中所表现出来的真实状态予以综合评价,评价完成后,根据对每个幼儿的评价结果进行科学分析,及时调整科学区材料及指导策略,满足不同个体的学习需要,为更好地开展科学区活动提供有效的支持。以下将展示一份完整的"中班科学区幼儿活动评析表"供大家参考(见表4-8)。

第四章 科学区活动评价

表 4-8　中班张佑科学区活动评析表

幼儿姓名：张佑　　　　性别：男√　女　　　　所在班级：中三班
所在区域：科学区　　　材料名称：蜡烛熄灭了　　操作时间：25分钟
指导教师：游老师　　　评议者：游老师　　　　　日期：2017年12月13日

要点项目	评价项目要点	评价分值 参考最高分值	评价实际分值
情感（30）	1. 能自主选择科学区材料	10	10
	2. 在教师引导下合作完成科学区材料探索	10	10
	3. 需要时能主动寻求教师的帮助	10	8
态度（20）	1. 能在材料引导下专注地完成科学区材料探索	10	8
	2. 能借助于同伴或教师的力量克服困难，完成科学区材料探索	10	7
能力（30）	1. 能有条理地完成科学区材料探索	15	14
	2. 能挑战有难度的科学区材料	15	15
知识（20）	1. 能将科学经验运用于生活中	10	9
	2. 基本掌握中班科学区知识与经验	10	10
各分项目得分	情感 28	态度 15	能力 29	知识 19	总分 91
综合评价	优秀（85—100分）	良好（75—84分）	合格（60—74分）	不合格（60分以下）
等级水平	√			

续表

要点项目	评价项目要点	评价分值	
		参考最高分值	评价实际分值
分析评价结果	佑佑本次在科学区选择了"蜡烛熄灭了"的实验操作材料。这份材料主要的活动目标为：了解蜡烛熄灭的原因，感受熄灭时间的长短与容器大小的关系，在实验中提高分析比较能力和动手能力。该实验的操作材料有玻璃杯、蜡烛、沙漏、打火机等。本材料的操作需要幼儿具备挑战难度的意愿和较强的小肌肉动作能力。基于佑佑在活动中的表现，教师为其评价的等级为优秀。虽然综合评分较高，但是从每一个项目得分的具体情况来看，佑佑还存在一些不足：在实验过程中，当他操作到用打火机点燃蜡烛时，因为缺乏使用打火机的经验，他反复尝试后仍然打不出火，于是把打火机丢到了一边，自己坐在地上一言不发地生起了闷气。他不敢主动寻找教师获得帮助，也不主动借助于同伴或教师的力量克服困难完成材料的探究，而是一直在等教师发现他的困难和需要。教师发现他的困惑后，帮助他学会了使用打火机，在后续的实验中，佑佑顺利完成了各项操作，获得了实验的成功。		
教育策略的调整与改进	面对佑佑在活动中出现的问题，教师通过观察他在日常活动中的表现，发现他胆小，总喜欢独自一个人玩，很少主动与同伴、老师交流，但是他喜欢独立思考，敢于探索周围一切新鲜的事物，尤其是逻辑思维能力较强。基于他的性格特点与学习优势，教师在后续的教育策略中做出了以下调整：首先，以优势带动不足，为他提供各种探索新材料的机会，充分发挥他爱思考、动手能力强的优势；其次，在科学区活动中，鼓励他带领同伴开展合作性探究，引导他学会与同伴交流，积极表达自己的想法；最后，当他遇到困难能够积极应对，主动寻找解决问题的方法时，教师及时予以表扬和鼓励，不断增强他的自信心，使其情感、态度、能力、知识各方面获得均衡发展。		

参考文献

[1] 霍力岩,等. 幼儿园课程开发与教师专业发展——比较研究的视角[M]. 北京:教育科学出版社,2006.

[2] 王微丽,霍力岩. 支架儿童的主动学习——经历 经验 经典[M]. 北京:北京师范大学出版社,2016.

[3] 王微丽. 幼儿园区域活动——环境创设与活动设计方法[M]. 北京:中国轻工业出版社,2014.

后记

自 2000 年起,深圳市莲花二村幼儿园开始与北京师范大学霍力岩教授合作,共同探索区域活动在中国发展的新思路和新模式。在课程开发初期,我们积极学习并借鉴了蒙台梭利教学法(Montessori Method)中的区域材料设计和布置方法。在推进过程中,我们不断接触到新的幼儿教育理论和课程模式,如多元智能理论(Multiple Intelligences Theory)和高宽课程(High/Scope Curriculum)等,促使我们进一步创新原有的区域活动课程及材料设计。同时,我们以国家颁布的《幼儿园教育指导纲要(试行)》和《3—6 岁儿童学习与发展指南》为主要参考文献,从中解构、梳理出系统的课程目标体系,从而指导区域材料的设计、完善与本土化。经过长达十多年的反复摸索,我们不断进行调整、提升、融合,最终建构出了一套卓越的、适合中国幼儿个别化区域学习的课程。

在霍力岩教授的带领下,深圳市莲花二村幼儿园已经陆续出版了《幼儿园多元智能做中学综合主题课程(教师用书)》《幼儿园区域活动——环境创设与活动设计方法》和《支架儿童的主动学习——经历 经验 经典》等课程资源。2014 年出版的专著《幼儿园区域活动——环境创设与活动设计方法》,已成为一线幼儿园教师的重要工具书之一,市场反响非常热烈。不断有来园参访、交流、学习的专家、学者及同行提出,希望看到更为详细、更有实践指导价值的有关区域材料体系的书籍。基于对我园课程进行持续、深入的总结之需,以及外界同行的强烈要求,我们对园内十几年积累的素材进行了整理、提升,这些区域材料的精华就是本书中大量鲜活素材的原型。而本书集中展现的是区域材料体系中的科学区材料体系，通过解读科学区、科学区材料案例、科学区中教师对幼儿的支持、科学区活动评价四个方面，全面地呈现了幼儿园科学区材料制作与投放，活动中教师的指导策略，以及活动后的评价与反思。此书的出版能为一线幼儿教师在创设科学区环境、科学地开展科学区域活动提供参考和借鉴，对幼儿园开展区域活动具有重要的指导作用。

在此书撰写前期，王微丽、何红漫、刘隼进行了框架的搭建与完善；在全面建构框架的基础上，何红漫、刘隼、邓丽霞完成了第一章、第三章、第四章的撰写；游咏梅作为主要案例负责人统筹安排，高虹、胡敏、郑宇妍、黄飞舟等教师配合，共同收集、整理第二章中的案例，并将案例分成植物、动物、我的身体、实验四个板块，由5位教师平均分配，合作完成第二章的撰写，其中，游咏梅、高虹和胡敏各完成了10个案例的撰写，郑宇妍和黄飞舟各完成了9个案例的撰写；何红漫、刘隼对全书进行了修改与完善；最终的定稿工作由何红漫、刘隼共同完成。本书的撰写与出版凝聚了很多人的心血、关心与帮助，有北京师范大学霍力岩教授的亲临指导，有"万千教育"吴红主任的全程指引，有深圳市实验幼教集团有限公司林瑛熙、吕颖、黄立志、韩智等领导的理解支持，有香港大学教育学院杨伟鹏博士对课程的梳理，有深圳市莲花二村幼儿园全体教职工的默默付出。他们无私的奉献使本书得以完成，在此一并表示感谢！在写作过程中，我们尽了最大的努力，但由于水平所限，本书必定存在不足之处，恳请各位读者批评指正。

深圳市莲花二村幼儿园
何红漫　刘隼
2018年2月28日